文学ムック

たべるのがおそい

vol.5

Spring 2018

TABEOSO.JP

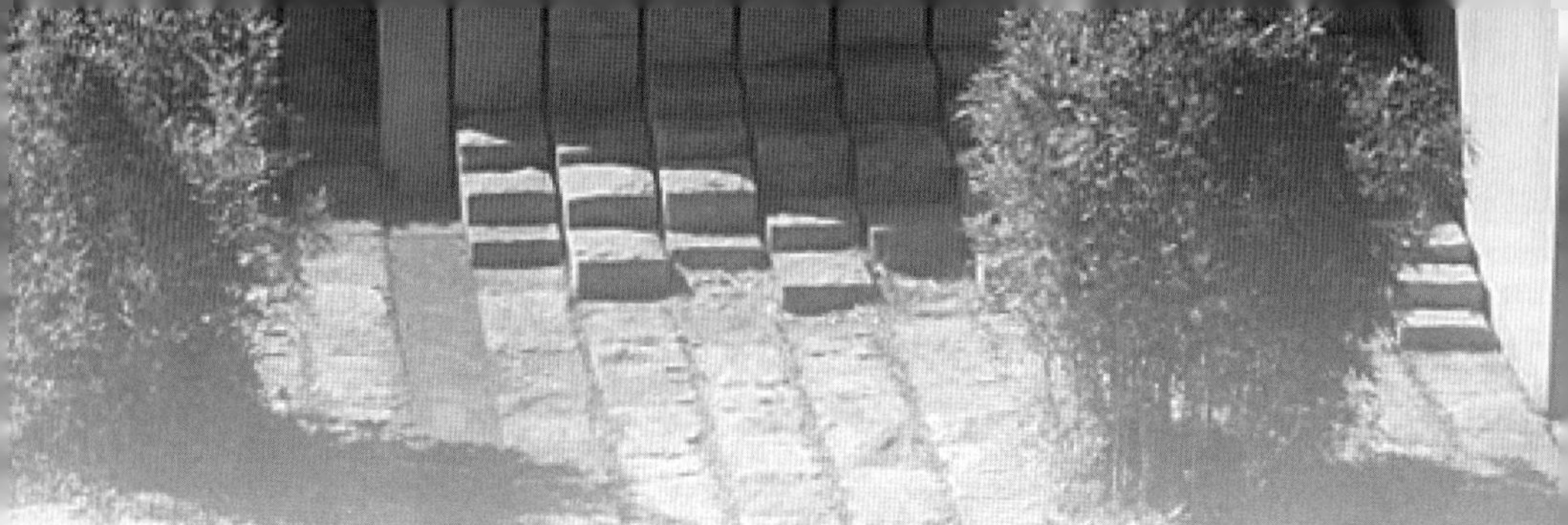

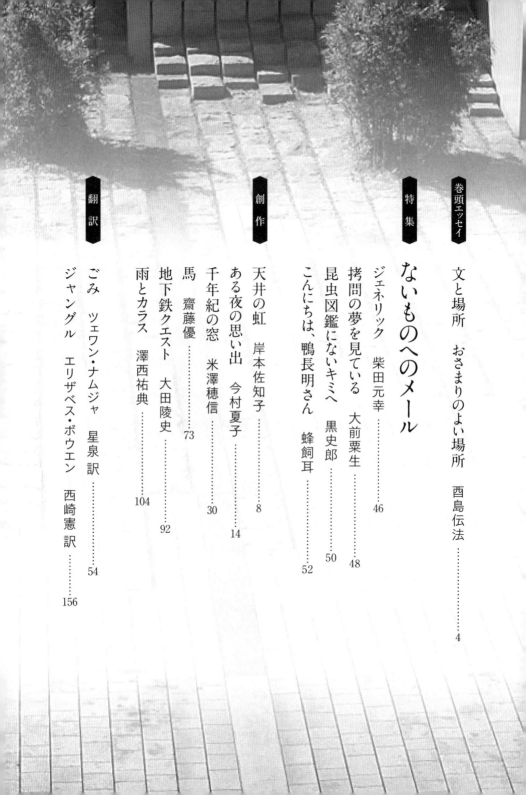

文学ムック

たべるのがおそい

vol.5

Spring 2018

文と場所

おさまりのよい場所

西島伝法

川辺で書いている。と言うとたいてい聞きなおされる。

集中力がすぐに途切れるたちで、より没頭できる場所を長らく探し求めていた。色々な店で書いてみたが、どうも自分が文章の流れを淀ませる収まりの悪い単語であるかのように感じられしっくりこない。一度出かけるのが億劫になると部屋に籠る日々が続いてだんだん鬱々と淀みだし、子供の頃にオカルト雑誌に載っていた霊的自動書記の実践方法を試したときのようになる——暗い和室で天井から垂らした紐に鉛筆を握った手を宙吊りにし、芯の先を紙にあてたまま無心になろうと集中し続けるが、何時間経っても霊が憑依して独りでに手が動きだすようなことにはならず、それでいて切り上げられない。

河口近くに住んでいるというのに、久しくその景色を目にしていない事に気づき、学校をさぼるような気持ちで淀川に出てみた。土手の芝生や段状のコンクリートブロックを下りていくうちに、河原に生える胡桃の木に引き寄せられて、木漏れ日の丸い光が重なりあう木陰にためらいつつ坐った。よもぎの香りが漂っていた。

川は穏やかで色には深みがあり、すこし強めの潮風が吹いている。ときおり樹冠が大きく揺れて、視界の全てが一枚の透明なフィルムであるかのようにひらめく。周囲にはテレポートしたようにフナムシが忽然と現れては、ガレー船さながらに肢々を動かして去っていく。さすがにここでは書けないだろうと思いつつ、ノートパソコンを膝に載せてキーを打ちはじめ、気がつくと叢《くさむら》が色硝子めく夕暮れ時になっていた。バッテリーはあとわずかだった。

それからは毎日川に出ずにはいられなくなった。刻々と生じる変化がマドラーとなって淀みをかき回してくれるのかもしれなかった。空をゆっくりと動く白い浮き島の数々は、陽が翳るとモニター上にも現れ、そこに鳥の矢がよぎることもある。川面は、縮緬やパイナップルに似た波模様になったり、とろけたように動きを止めて景色を溶かし込んだり、底から巨大なものが現れんばかりに膨らんだりと、日ごとに様々な表情を見せる。だしぬけに跳ね上がる魚は、姿を捉える隙も与えず沈む。

闖入者はひっきりなしに訪れた。モニターには羽虫やテントウムシや蟻そっくりのアリグモ（前肢で触角を模している）が集まってくるし、胡桃の木にはアシナガバチが巡回し、枝葉からは青虫が落ちてきて、膝の上にはフナムシがテレポートしてくる。コンクリートブロックの隙間からは、毎日のようにおごそかな身ごなしで蟹が現れ、ちょうど甲殻系の主人公の物語を書いていることもあって恩恵を受けたようにその見事な形に眺め入ってしまう。

あるとき視線を感じて顔を上げると、イタチが動きを止めてこちらを凝視していた。随分前に読んだアニー・ディラードの『石に話すことを教える』（内田美恵訳）のとりわけ印象的な一節にそのまま滑り込んでしまったかのようで体が硬直した。

〝四フィート先の、ぼうぼうに生えた野バラの大きな茂みの下から姿を現わしたイタチは、驚いて凍りついた。わたしも幹に坐ってうしろをふり向きざま、同様に凍りついた。わたしたちの目と目は錠をかけられ、その鍵をだれかが捨てたようだった。〟

〝わたしは自分の脳をイタチのそれから奪い返し、なにを見ているのか記憶に刻もうとしたのだと思う。そのとたん、イタチがぐいと引き剝がされる分離の力を感じて現実へ急降下し、本能がいきなりほとばしったのだろう。彼は野バラの下へかき消えた。〟

正にそのように我に返ったイタチは、わたしの後ろ側へしなやかに回り込んでいき、ブロックの段差に沿ってするすると喉越しのよさそうな動きで遠ざかっていき見えなくなった。

天井の虹

岸本佐知子

耳田さんと私は、月に一度「あひる会」という会を開く。「あひる会」は本当は「浴びる会」で、浴びるようにお酒を飲むからなのだが、人聞きが悪いのでこう呼んでいる。

いつも私鉄の駅で待ち合わせ、「ウコンの力」を立ったまま一気飲みし、そば屋で腹ごしらえをしてから、飲み屋に行く。いったん座ると、長い。誰よりも早く店に入り、誰にも背中を見せない。

私たちはメニューのおすすめグラスワインを上から順番に頼む。どんどん飲み、ぽつぽつ話す。話すのは、他の人には話せないような変なことだ。私がフリージアを巨大な虫の卵と見まちがえたこととか。耳田さんが寝ているあいだにお母さんに髪を切られたこととか。バンマツリという香りのいい花の好きな耳田さんが、バンマツリの咲く季節になると、バンマツリ祭りというものを友だちと開催することとか。舌の裏側の、あのひも状の

筋をハサミでちょきんと切りたくなる衝動と私がいつも戦っていることか。

話しているうちに目が回ってくる。天井の隅に虹が出る。スツールの陰を動物の影がちらちら出たり入ったりする。テーブルの上を小さい小さいアベベが走る。朝になると、どうやって家まで帰ったのか、ちゃんと代金は払ったのか、いつも記憶がない。あれだけ長い時間いっしょにいたのだから、バンマツリや舌の裏の筋以外のいろいろな深い話もしたはずなのに、きれいさっぱり忘れてしまっている。

未送信のメールに気がついたのは、少し前のことだ。スマホのメールの〈下書き〉というフォルダに、書いたおぼえのない未送信のメールが大量にたまっていた。宛て先なし、タイトルもなし、本文は一行だけ。〈32頭身の〉？〈石の気持ち〉？

それは決まって〈あひる会〉の夜に書かれていた。時刻はどれも零時をまわって、動物やアベベが出はじめているころだ。

言葉をじっと眺めていると、なんだか妙な気持ちになってくる。脳みその、ふだん使わない場所が痒くなるような。そうして眺めては頭の隅に転がしておいた言葉から、いつの間にかべつの言葉が生えてふらふらと伸び、葉やら茎やらを繁らせていた。飲み屋の天井の隅にかかっていた、あの虹のように。

石の気持ち

世界のすみずみまで徹底的に想像しろ、というのが師匠の教えだった。「だってどこにも書いてありません」？馬鹿もの。行間を読むのだ。心の眼をもってすれば、たとえそこに書かれていなくてもすべてのものは読みとれる。人物の顔、年齢、声、着ているもの、来歴、今朝食べたもの。その部屋の広さ、天井の高さ、匂い、壁紙の色、窓から見える景色、大家の名前。そうやって作品世界を構成する要素を一つひとつ想像の力で感知する。その作業が完璧に済んでから、はじめて翻訳が許される。

というわけで道場の朝は、各自そのへんで拾ってきた石を前に座るところから始まる。石に意識を集中させ、石の声に耳を傾ける。訓練を積むと、その石がかつて溶岩であったころの記憶、そして噴火によって空中高くあがり、くるくる回転しながら地上に落ちるときの驚きと恐怖と興奮までが感じ取れるようになる。

〈虎の穴〉での二十年におよぶ修行を終えて独り立ちした今も、私は師匠の教えを忠実に守っている。いま訳しているのは十九世紀の女性作家が男性名義で書いた、馬車の起源と歴史にからめて女性の自尊心の芽生えを描いた長編小説だが、最近やっとヒロインの靴下留めの色を特定したところだ。くすんだローズ色で細い黒線が一本入っている。これから靴のかかとの高さとホクロの位置にとりかかる。この調子でいけば、七年後にはいよいよ翻訳に着手できるはずだ。

32頭身の

わたしのお母さんは、とてもせがたかい。あんまりたかいので、上をみあげても、ぼんやりかすんでかおが見えない。

かわりにまいにちわたしが見るのは、お母さんのスカートだ。ヒナギクのがら。リスのがら。海をおよぐさかなのがら。どれもとてもきれいで、お母さんのいいにおいがする。

わたしが一日でいちばんすきなのは、夜ねるじかんだ。はをみがいて、パジャマにきがえて、それからせんかいだんをぐるぐるぐるぐるのぼって、てんじょうからつるしてあるベッドにはいる。しばらくするとふわっといいにおいがちかづいてきて、お母さんがおやすみをいいにきてくれる。お母さんのかおは、いつみてもにこにこわらっている。わたしもにこにこえがおになる。

それからお母さんは、いろんなおはなしをしてくれる。きょうみたけしき。子どものころのこと。お母さんがうまれた、とおいとおい国のこと。わたしが赤ちゃんだったころのこと。

ずっときいていたいけれど、まぶたがだんだんおもくなる。そしてゆめを見る。のはらでヒナギクをつむゆめ。リスとおっかけっこをするゆめ。海のなかをいきつぎなしでおよぐゆめ。

きょうのお母さんのスカートは、そらにくもがうかんでいるがらだった。きっとこんやはそらをとぶゆめが見れるはず。

蛇口からの便り

汲み置きの水が切れたので、空《から》のポリタンクを下げて角のポストまで行った。ポストの前には、すでにご近所さんが数名列をつくっていた。最後尾の田中さんが振り向いて「不便よねえ。いつまで続くのかしらこれ」と話しかけてきた。

郵便局と水道局の体が入れ代わってしまったのは先週のことだった。朝起きたらそうなっていて、今のところ復旧のめどは立っていないそうだ。

私は「ほんとに。でもまあ、前に東京ガスとＮＴＴの体が入れ代わった時よりはましですよ」と答えた。

何年か前から、ある日とつぜん体が入れ代わる人が増えはじめた。そういう設定の小説や映画やドラマが増えすぎた影響である、というのが今では定説になりつつある。だがそれが官公庁にまで及ぶとなると、事は深刻だ。フィクションにおける体入れ代わり設定を法律で禁止しようという動きもあるものの、表現の自由を楯に断固反対する声も根強く、今のところ有効な解決策はない。

私の番になったので、投函口から噴き出ている水をポリタンクで受け止めた。そういえば子供のころには、こんなふうに町のあちこちに井戸があったっけな。大きな声では言えないけれど、私はけっこうこれを楽しんでいる。台風とか、インフルエンザの学級閉鎖とか、非常事態はいつだって心おどる。

噂では、昔ながらの丸くて赤いポストからはとびきり美味しい水が出るんだそうだ。まだ都内にも何か所か残っているらしい。こんど探しに行ってみようか。

きのう、また「あひる会」があった。

耳田さんに未送信フォルダを見せて、そこから勝手に生えてきたものの話をした。すると耳田さんは黙って手帳を出して、たくさんの文字が書きつけられたページを見せてくれた。〈砂漠（カタログ）〉〈沼〉〈気団〉〈森林限界〉……。

耳田さんの頭の中でも、それらの言葉からイメージが生まれて、いくつかスケッチを描きためているのだという。次の「あひる会」で見せあいっこしよう、そう私たちは約束した。

砂漠（カタログ）

通販で砂漠を売っていたからポチってみた。いくつかあるなかからモハーヴェ砂漠にしたのは、それだけセールで三万八千円が八千五百円になっていたからだ。

三日後、ドアのチャイムが鳴って「ディ〇スのお届け物です」と声がした。はんこを手にドアを開けた瞬間、大量の赤い砂が室内になだれこんできた。え、ちょっとこのシステム聞いてないんだけど！　と言っても後の祭り。振り返るともう三百六十度見渡すかぎりの砂漠だった。口の中がジャリジャリした。

それからしばらくはあちこちさまよいながら、刻々と変化する風紋に見とれ、トカゲやフンコロガシのかわいさを愛で、ハシラサボテンの大きさに度肝を抜かれた。一日経ち、二日経つうちに、空腹と昼夜の寒暖差がしだいに耐えがたくなってきた。サボテンの葉をちぎって食べ、トカゲをつかまえて血を飲んだが、それももう限界だった。もはやこれまで。私は砂にどさりと倒れ、近くのリュウゼツランの根元まで這っていき、葉の裏についているＱＲコードをスマホで読み取って送信した。一時間以内にラクダの隊商がピックアップに来てくれるはずだ。

私は巨大な葉っぱにもたれかかって目を閉じた。戻ったら購入者レビューに投稿しよう。なんといっても風紋がすばらしく、それだけでもじゅうぶん価値はありました。ただし配達システムには改善を強く求めます。あとサボテンとトカゲの味が一種類で飽きが来るので、せめて日替わりで三種類ぐらいは用意してほしいです。次はゴビ砂漠も試してみたいです。★★★⯪☆

待てよ、モハーヴェ砂漠にラクダの隊商はおかしいんじゃないの。まあいいけど。ラクダにも一度乗ってみたかったし。

気団

セキ先輩、ひつじ先輩と付き合ってるんだってよ。

渡り廊下を次の教室に向かって移動しているとき、すれちがいざまにその言葉が耳に飛びこんできた。

そんな気はしてたけど、本当になってみるとショックだった。

昼休みに屋上で一人で泣いていたら、タツマキが横に来て、黙って煙草を吸いだした。タツマキは隣のクラスの奴で、ちょっと悪い。わたしとは幼なじみだ。

やめてよ髪に煙の匂いがつくじゃん、と言うと、うっせえ、と言って、でもしばらくして煙草を消した。

背伸びしたって結局うまくいかないぜ、とタツマキが独り言のように言った。

わかってる。堂々とそびえて成層圏に頭が届く積乱雲には、天高くたおやかになびくひつじ雲がお似合いだ。わたしはただの雨雲、低層雲だ。灰色で、地味で、びしょびしょ泣いて地面を濡らす。

お前さあ、おれといっしょの団に入んない？　タツマキが金網の向こうの空に目をやったまま、訊いた。

卒業すれば、わたしたちはいくつかの気団に分かれて旅立っていく。ひとかたまりになって大空を移動して、地上に風を吹かせたり、暑くしたり、雨を降らせたりするのだ。

お前ひとりにしとくと、泣いてばかりで地上が水びたしになるじゃん。タツマキが言った。

へん、やだね。わたしは憎たらしい声で言った。子供のとき、いっしょに遊んでたときみたいに。もう涙は乾いていた。

ある夜の思い出

今村夏子

学校を卒業してからの十五年間、わたしは無職だった。一日、何をして過ごしていたかというと、畳の上に寝そべってテレビを観たりお菓子を食べたりしていた。父親からは毎日のように働け、働かないなら出ていけ、と言われていた。当時のわたしは、働く気も家から出ていく気もなかった。死ぬまで畳の上で寝そべっていたいと思っていた。

子供の頃からそんな感じだった。学校なんかいかずに、できることならずっと家のなかでゴロゴロしていたいと思っていた。でも、父親が許してくれなかった。だから、義務教育のあいだは無理をして外に出ていた。外にはあまりいい思い出がない。

朝から晩まで寝そべる生活を送っていると、二本足で歩くことがだんだん億劫になってくる。あの頃のわたしは、なるべく立ち上がらずに、いつも腹這いで過ごすことを心掛けていた。

起きている時も寝ている時もいつも同じ格好だった。たまに床をズリズリと這ってトイレにいった。テレビやティッシュやリモコンや漫画など、生活に必要なものはすべて畳の上に置いていた。お腹が空けば手の届くところに転がっているお菓子を食べた。お菓子が見当たらなければ、猫を飼っていたので猫のエサを食べた。そのついでに猫のトイレを借りることもあった。猫とはよくけんかをした。

ある日、いつものように寝そべってテレビを観ていたら、父親の説教が始まった。またか、と思いながら聞き流していた。説教は長く続いた。途中でトイレにいきたくなったので、床を這って猫のトイレを借りにいった。戻ってくると、父親が丸めた新聞紙でわたしの頭頂部をポカポカと何度も叩いてきた。わたしは部屋中を逃げ回った。畳の上ではわたしのほうが俊敏だった。若い頃は富士登山が趣味だった父親も、年を取って腰痛に悩まされるようになっていた。わたしをつかまえようとするたびに「アイテテ」と言っていた。わたしは父親の股のあいだをくぐり抜けて廊下に出た。出ていけ！　後ろで父親が叫んでいた。二度と帰ってくるな！　わたしは鍵のかかっていない玄関からそのまま外に逃げだした。

いきおいで出てきてしまったが、久しぶりの外の空気は意外にもさわやかだった。手のひらに伝わるアスファルトの熱はじんわりと温かく、初夏の日差しがわたしの背面をまんべんなく照らしていた。たしか五月の終わり頃だった。目の前に伸びる道を、わたしはひたすらまっすぐ、ズリズリと進んでいった。どこへ向かおうとしているのか自分にもわからなかった。こうしているうちに父親のほとぼりも冷めるだろうと思った。疲れたら道の端に移動して眠り、回復したらまた進んだ。

四度目の休憩を終えたあたりで、道に迷ってしまったことに気がついた。ずいぶんな距離を進んだように思ったが、一体どっちの方角からきたのだったか。家を出た時よりも、きこえてくる足音の数が明らかに増えていた。わたしの目線の高さからは周りの景色を確認することはできなかったが、駅前とか繁華街とか、人がたくさん集まる場所に近づいているような気がした。いつのまにか日が暮れていて、ずいぶん前からわたしのお腹はグーグーと鳴り続けていた。

目の前にポップコーンが落ちていたのでひと粒つまん

で口に入れた。自宅で猫のエサに馴染んでいたおかげか、塩味がきつく感じられてとてもおいしかった。ふと周りを見ると、あちこちに落ちていた。ひと粒、もうひと粒、と夢中でポップコーンを食べるわたしのことを、通りがかりの人たちは皆そっとしておいてくれた。外に出て何時間もたっていたが、そのあいだ、多くの足がわたしの体をよけるか、またぐかして通り過ぎた。外の世界は、わたしが思っていたよりも安全だった。一度だけ背中を踏まれたが、「す、すみません、すみません、気がつかなくて」と平謝りされ、逆にこちらが申し訳ないような気持ちになった。悪いのは、どう考えても道端に寝そべっているわたしのほうだった。

ポップコーンをすべて食べ終え、まだ何か落ちていないかとあたりを見回していると、急に雨が降りだした。

雨宿りできる場所を探してさまようちに、雨脚はどんどん強くなっていった。ようやく乾いた地面を見つけた時には、すっかり夜になっていた。

わたしが見つけた雨宿り先は、屋根付きの商店街だった。すでに営業時間を過ぎたようで、通り道の両側にはずらりと灰色のシャッターが並び、その前には段ボールやゴミ袋が置かれていた。

先ほどのポップコーンはとっくに消化し終わって、胃のなかはからっぽだった。食べるものを求めてキョロキョロしながら進んでいくと、一軒の店先に黒い小さなポリ袋がちょこんと置かれているのが目に留まった。近づくと、油のいいにおいがした。結び目をほどいてなかを覗くと、潰れたコロッケが詰まっていた。

指先ですくってひと口食べるとほんのり甘いお芋の味が口中に広がった。つぶつぶ食感のミンチ肉や油で湿った衣が一瞬で体の疲れを吹き飛ばした。わたしは脇目も振らずにコロッケを頬張った。すべて食べ終え、大きなゲップが口から出た、その時だった。生き物の気配を感じた。

後ろに何かいる。それはたしかだった。猫？　いや、もっと大きさのある動物だった。犬か、それともイノシシか。何かはわからないが、後頭部に刺すような視線を感じた。わたしはおそるおそる振り向いた。次の瞬間、心臓が止まりそうなくらい驚いた。そこにいたのは人間だった。

人間の、男だった。長髪で顔の半分がひげだった。驚いたのは、彼がわたしとそっくり同じ姿勢でそこにいたからだった。

お腹を下にして寝そべっている。そしてわたしの顔をじっと見つめている。まるで金縛りにあったように、わたしたちはしばらくお互いの顔から視線を外すことができなかった。

最初に動きを見せたのは男のほうだった。通り道のあちら側から、ズリ、ズリ、と腹這いで近づいてきた。わたしは男と正面から向かい合うように、ゆっくりと体の向きを変えた。

向こうが進むごとに、同じ距離だけわたしも進んだ。男の顔面とわたしの顔面の間隔がどんどん狭まっていく。二メートル、一メートル。十センチ、五センチ、一センチ。わたしの鼻先に男のひげが触れた。その時、強い光がピカッとわたしたちの顔を照らした。

「危ない!」

男が叫んだ。地鳴りのようなエンジン音がわたしたちのいるほうへ近づいてきた。男に手をつかまれ、わたしたちはサササと道の端に避けた。

トラックだった。タイヤの音が遠ざかるのを待ってから、男が口を開いた。

「……ゴミ収集車だよ。毎晩、この時間に回ってくるんだ」

「びっくりした……」心臓がドクドクいっていた。

「しばらくしたらUターンしてくるよ。ここは危険だ」

男は体の向きを変え、店と店のあいだの路地を奥に入っていった。わたしは男のあとを追いかけた。

慣れた道なのか、暗がりのなかでも男はスイスイ前に進んだ。わたしは途中で何か硬いものに頭をぶつけたり、ビニール袋のようなものに足をとられたりと、わずかな距離を進むのにも苦労した。路地を抜けたところで男が待っていてくれた。やっと追いついたわたしに、「大丈夫?」と言った。

わたしはうなずいた。「うん、なんとか」

「ここからは安全だよ。この道は車両進入禁止だから」

男が言い、わたしたちは横並びになった。雨はいつのまにか止んでいた。どこいくの? と訊ねると、ぼくの家、と言った。

ほどなくして男は柵のようなものの前で止まった。

「ここだよ」

それは門扉だった。男はおでこで押してなかに入った。開く時にキイーと鳴った。

門扉の向こうにドアがあった。男はトン、トコトントン、と節をつけてノックした。すぐに玄関の明かりが点いた。少しの間があり、内側から静かにドアが開いた。男の肩越しに白い靴下をはいた足が見えた。

「お母さんだよ」男が言った。

わたしは急な展開に戸惑いつつも、こんばんは、と挨拶をした。

お母さんは手にバスタオルを持っていた。顔は見えないが、靴下と同じ白色のエプロンをつけていた。男の濡れた髪とひげをバスタオルでゴシゴシこすった。お母さんの手は白くふっくらしていて、左手の薬指に銀色の指輪がはめられていた。男を拭き終えると、同じタオルでわたしの髪の毛もゴシゴシこすった。わたしは恐縮しつつ、お礼を言った。

「すみません。ありがとうございます」

お母さんは始終無言だった。

男が段差のない玄関を上がった。振り向いて、わたしに「どうぞ」と言った。

お母さんが先頭を歩いた。ピンク色のスリッパが、パタリ、パタリ、と控えめな音をたてていた。お母さんの後ろに男が、男の後ろにわたしが続いた。ピカピカに磨かれた廊下は、前に進もうとするとつるつるすべった。わたしが爪で床を引っかくたびに、男がチラと振り向いて、おかしそうに笑った。廊下を抜けると広々とした空間に出た。

「リビングだよ」男が言った。複雑な模様のじゅうたんの上を進み、じゅうたんが終わるとまた廊下が始まった。「ここは納戸」「ここはトイレ」納戸は引き戸になっていた。トイレはドアの下の隙間から芳香剤のにおいがした。「ここは知らない」「ここも知らない」広い家だった。何枚もの扉の前を通り過ぎた。

いつのまにかお母さんの白い靴下とピンクのスリッパが視界から消えていた。男は廊下のつきあたりで左折し、やぶれたふすまの前で停止した。

「ここがぼくの部屋」

男はふすまの穴に指を引っかけて横に引いた。「どうぞ」

畳敷きの部屋があらわれた。

「楽にしてて。今お母さんがお茶の用意してるから」

男に促されてなかに入った。装飾品のない、殺風景な部屋だった。テレビ、目覚まし時計、リモコン、枕、ティッシュが、畳の上に直に置かれていた。本棚は二段しかなく、全部文庫本だった。本棚の前に座布団が三枚重ねて置いてあり、その隣りにはタオルが積まれていた。部屋の一角に新聞紙がばさっと広げて置いてあった。その下に猫砂がのぞいていた。

目の前にぷらんとぶら下がっている細くて長いチューブが気になった。精一杯首を伸ばして見上げると、大きなボールのようなものにつながっていた。

「水だよ」男は手を伸ばしてチューブをつかむと、口にくわえてゴクンとひと口飲んだ。「お母さんが毎日水を入れ替えてくれるんだ」

突然、音もなくふすまが開き、部屋のなかに何かが差し入れられた。

「ありがとう」

と男が言った。ふすまはすぐに閉まった。

部屋の入り口に置かれていたのはお盆だった。男は手を伸ばしてそれを引き寄せた。お盆の上には、ストロー付きのコップが二つと、おしぼりが二つ、カップケーキが二個のっていた。男はおしぼりで手を拭くとケーキを一個手に取り、わたしにもすすめた。「食べなよ。おいしいよ」

きつね色に焼けた生地の上にスライスされたアーモンドがのっていた。

「いただきます」先ほどコロッケで満腹になったことも忘れてあっというまに完食した。「ごちそうさまでした」

「早いね」男が笑った。

「だって、あんまりおいしくって」

「おいしいだろ。これ、お母さんが作ったんだよ」

「手作りなの？　すごい」

「お母さんはお菓子作りの天才だからね」男は自分が褒められたような顔をした。「和菓子も洋菓子も、お母さんの作るものは何でもおいしいよ。お菓子だけじゃなくて普段の料理も絶品なんだ」

自慢のお母さんのようだ。そのお母さんに、わたしはまだひと言も口をきいてもらえていなかった。

「わたし、お母さんに迷惑な客だと思われてるんじゃないかな……」

「そんなことないよ。どうして」

「だって突然お邪魔しちゃってるし。さっき、こんばんはって言ったのに、何もこたえてくれなかったの」

「お母さんはそういう人だよ」男は笑った。「心配しなくて大丈夫。ぼくとも全然話さないから。いつもこっちが一方的に話しかけるだけ」

「会話しないの？　お母さんと？」

「しない。だけど仲が悪いわけじゃないよ。お母さんはすごくいい人。ぼくの身の回りのことは全部お母さんがしてくれるんだ。こんなふうに食べるものを運んでくれるし、タンクに水を補給してくれるし、猫砂を取り替えてくれるし、空調を調節しにきてくれる。掃除も洗濯もしてくれるし、毎週土曜日には風呂にも入れてくれる。今日って何曜日だっけ」

「すごく愛されてるのね」

「そんなんじゃないよ。お母さんがいい人なだけ」男はリモコンを手に取り、テレビをつけた。「クイズだワッショイをやってるってことは木曜日か」

　男は座布団を二枚引き寄せて、一枚をわたしに寄越すと、もう一枚を自分のあごの下に敷いた。テレビ画面をじっと見つめ、司会者がクイズを出題すると、画面のなかの誰よりも早く回答した。

「上杉謙信！」

「……正解。すごい」

「歴史は得意なんだ」

　そう言われてみると、棚に並んでいる文庫本も歴史小説ばかりだった。

「山口県！」

「……また当たった。すごいね」

　男はしばらくクイズに夢中になっていた。コマーシャルに切り替わったタイミングで、初めて男に名前を訊ねた。

「ジャック」

　と男は名乗った。どう見ても東洋人の顔立ちだ。

「笑わないでよ」

「笑ってないよ。お母さんがつけたの？」

「お母さんの息子がつけたんだ」

　とジャックは言った。「のぼる君っていうんだけど。小学生だよ。三年生だったかな。今たぶんお風呂に入ってる」

「あなたの弟？」

「そんないいもんじゃないよ」ジャックは顔をしかめた。「昔はかわいかったけどね。最近は態度も言葉も乱暴になってきて、正直まいってるんだ。えらそうに命令してくるしさ」

「あなたの弟が、あなたに名前をつけた？」

「だから、弟じゃないって。のぼる君はね、ぼくを見つけてくれた人。ジャックっていうのはね、当時幼稚園に通ってたのぼる君が夢中になってたアニメの主人公の名前なんだ。気に入ってないわけじゃないけど、できれば名前はお母さんにつけてもらいたかったなあ」

「どういうこと？　お母さんはあなたの本当のお母さんじゃないの？」

「お母さんはお母さんだよ」

その時、足音がきこえた。スリッパも靴下もはいていない、裸足で廊下をペタペタと駆ける音だった。「きたきた」とジャックが言った。直後に部屋のふすまがいきおいよく開いた。同時に「うわーっ」という、甲高い叫び声が響き渡った。

「うわーっ。うわーっ。うわーっ」

日に焼けた二本の細い足が、ずかずかと畳の上を近づいてきて、足と同じ色をした顔が、わたしの顔を下からのぞき込んだ。

「ほんとに見つけてきた！」

のぼる君だよ、と隣りでジャックがささやいた。

「お母さん！　お母さん！」

のぼる君は廊下に向かって声を張り上げた。はあい、と遠いところで返事があった。

「きて！　早く！」

まもなく白い靴下をはいた足が、ふすまの陰からのぞいた。

「見て！」のぼる君はわたしの顔を指差した。

「知ってる」とお母さんがこたえた。案外、低い声だった。

「えー！　なんで知ってるの」

「だってこの人にお茶とケーキ出したのお母さんだもん」

「うそお！　なんで勝手にそんなことするの！」

「のぼるはお風呂に入ってたでしょ」

「どうしてすぐ教えてくれなかったの！　ぼくがケーキあげたかったのに！　いっつもお母さんばっかりじゃな

いか。ずるいよ！」

「あらそう。じゃあ明日からはのぼるがこの人たちにケーキあげる？　お茶もあげて、水もあげて、ご飯も用意してあげる？　布団敷いて、猫砂取り替えて、お風呂も入れてあげる？」

「あげる！」

「うそばっかり。ジャックの時だって全部自分でするって言ったのに、結局お母さんがお世話してるじゃない」

「今度はほんと！　明日から全部ぼくがやる！　お母さんは何もしないで！」

「はいはい」

「すごいなあ。ほんとに見つけてくるなんて。ジャックってじつはもてるんだねえ」

「ふふ。そうみたいね」

「ねえ、子供うむかなあ」

「すぐには無理よ」

「じゃあいつうむ？」

「今日きたばかりだから。もう少し慣れてから」

「早くうまないかなあ。ぼくもう子供の名前考えてるよ。あのね、キングか、ガンマか、ゴリマルのどれかにする。どれがいいかな」

「全部男の子の名前じゃない。女の子が生まれたらどうするの」

「女はむずかしいよ。お母さん考えて」

「うーん。ハッピーちゃん」

「やだよ！　そんなの」

「そお。いいと思うけど。じゃあこの人をハッピーちゃんにしましょうか」

「うん、それならいいよ。おい、ハッピーちゃんだって。いい？」

　何が何だかわからないまま、わたしはうなずいた。

「あはは。うん、だって。喜んでる。ハッピーちゃん。おまえとジャックは今日から夫婦だぞ。たくさん子供うむんだぞ」

「さあ続きは明日にしましょう。もう寝る時間よ」

「やだ。お父さん帰ってくるまで起きてる」

「お父さん今日は夜勤でしょ。帰ってくるのは明日の朝」

「じゃあ朝まで起きてる」

「バカ言わないのっ」

こつん、と頭をこづく音がした。

「わかったよ。じゃあ、ちょっと待ってて」

そう言いながらのぼる君は一旦部屋から出ていった。

そしてすぐに戻ってきた。

「これあげる」

紙パック入りの牛乳をわたしの目の前に置いた。

「はい、ジャックにも」

「ありがとう」とジャックが言った。

お母さんが押入れを開けて布団を下ろした。のぼる君と二人で布団を敷いているあいだ、わたしとジャックは部屋のすみに移動していた。一組の布団に、枕が二つ並べて置かれた。

「ジャック、ハッピーちゃん、おやすみなさい」とのぼる君が言った。

「おやすみなさい」とジャックが言った。

ふすまが閉まった。足音が遠ざかり、再び部屋のなかに二人きりとなった。クイズ番組はいつのまにか終わっていて、テレビ画面はどこかの国で観測されたという隕石落下のニュース映像に変わっていた。

ジャックに訊きたいことがたくさんあった。何から訊ねるべきか迷っていると、先にジャックが口を開いた。

「……ハッピーちゃんだって」

「笑わないでよ」とわたしは言った。

「笑ってないよ」とジャックが言った。「かわいい名前じゃない。やっぱりお母さんはセンスあるね。それに比べてのぼる君は、何て言ってたっけ。キングとガンマと、ゴリマル、だっけ？　どれも強そうな名前だなあ」

「子供の名前だって、のぼる君言ってたけど」

「うん」

「どういうこと？　わたしが、ジャックの子供を産むの？」

「あ、いや、それは……」

「のぼる君言ってたじゃない。ジャックが、わたしを見つけてきたって」

「うん」

「あれって、どういう意味？」

「うーん」ジャックはがさごそとひげをかいた。「……じつはね、ずっと前からのぼる君に言われてたんだ。お嫁さん見つけてこいって」

「お嫁さん」

「しつこいんだ、のぼる君。ぼくが従うまで絶対に許してくれないんだ。だから、ここ最近は毎晩お嫁さん探しに出歩いてた。でもなかなか見つからなくて。今夜、ようやく。もちろん嫌なら断ってくれてかまわないんだけど……」

ジャックは困ったような顔をしてうつむいた。今日初めて会った人から、わたしはプロポーズされていた。これは現実なのだろうか。

「……本当にわたしでいいの？」

「あたりまえじゃないか！」

ジャックの吐息が顔にかかった。さっき食べた甘いケーキのにおいがした。ジャックはまっすぐにわたしの目を見つめ、「きみしかいないよ」といった。

きみしかいない。わたしも同じ気持ちだった。初めて目が合った瞬間に、この人しかいないとわかっていた。わたしはぺこりと頭を下げた。「よろしくお願いします」

「あーよかった」ジャックは大きく息を吐いた。そしてのぼる君が置いていった牛乳に手を伸ばし、ストローを包んでいる透明の袋を丁寧にはがすと、わたしの左手薬指にそれを巻きつけ、キュッと結んだ。

「指輪のつもり」そう言って笑った。

わたしたちはお母さんが敷いてくれた布団の上で牛乳を飲んだ。おでことおでこをくっつけて、クスクス笑い合いながら飲んだ。今朝、家を出た時には、まさかこんなことが起こるとは想像もしていなかった。これから数え切れないくらい、ジャックとここでこうして牛乳を飲むのだろうか。キングと、ガンマと、ゴリマルも一緒に、クスクス笑い合いながら、ここで牛乳を飲むのだろうか。まだ信じられない。信じられないけど現実だ。わたしの左手薬指にはもらったばかりの「指輪のつもり」が輝いていた。

彼氏どころか知り合いと呼べるような相手もいないわたしが突然結婚すると言ったら、父親はどんな顔をするだろう。きっとものすごく驚くだろう。驚いて、嬉し涙を流すかもしれない。今まで散々迷惑をかけてきたが、これでやっと安心させてあげることができるのだ。

目覚まし時計を見ると、まもなく十時になるところだった。追いだされてから半日がたとうとしている。さすがに怒りも収まっている頃だろう。

「ねえジャック。今から家にきてくれない？」

ジャックはストローを口にくわえたまま、キョトンとした。「どこに？」

「家。わたしの家」

「……きみ、家があるの？」

「わたしの家っていうか、お父さんの家だけど」

「お父さん？　きみ、お父さんがいるの？」

「いるよ。お母さんはいないけど。あなたのこと、今から お父さんに紹介したいの。こんな時間だけど、どっちにしても一度家に帰らないとお父さん心配するから。せっかくだからジャックも一緒についてきてよ」

「な、何言ってるの？　無理だよ、そんなの」

「どうして？」

「どうしてって……。いけないよ。いけるわけがない」

「結婚のあいさつくらいいいじゃない。ぼくたち結婚しますって報告するだけよ」

「そんな簡単に言わないでよ。あいさつなんて、無理に決まってるじゃないか」

ジャックは悲しそうな顔をした。

「どうしてもだめ？」

「だめだよ。申し訳ないけど……」

「わかった。残念だけど、わたしひとりでいってくるね。

明日の朝には戻ってくるから」

わたしは布団の上を這っていき、ふすまの破れた穴に手をかけた。

「だめ！　いったらだめだ」

突然、ジャックが強い力でわたしの足首をつかんで引っぱった。

「ちょっと、どうしたの？　家に帰ってお父さんに報告するだけだよ。明日にはまたここに帰ってくるのよ」

「いかないでよ」

「そういうわけには、じゃあ、今夜中に帰ってくるから」

「ほんとうに？」

「ほんとうに」

「ほんとうに帰ってくる？」

「帰ってくる」

「帰ってこないような気がするんだよ」

「帰ってくるよ」

「約束する？」

「約束する」

ジャックはつかんでいたわたしの足首を静かに離した。

わたしたちは約束の指切りをした。


廊下に出ると、どこかでシャワーを使う音がきこえていた。お母さんだろうか。のぼる君はおとなしく眠っているのか、足音も話し声もきこえなかった。

玄関の方向へ進んでいた時、後ろについてきていたジャックが「そっちじゃない」と言った。「この時間は、玄関の鍵は閉まってるから。こっち」

そこは、先ほど通りがかった時に、ジャックが「ここは納戸」と言っていた引き戸だった。開けると、なかは真っ暗だった。入ってすぐに箱のようなものに頭をぶつけた。気をつけて、とジャックが言った。家具の脚や、段ボールと段ボールの隙間に無理矢理体をねじ込ませながら、何とか窓際まで辿り着いた。

「ここから出れるから」ジャックはカーテンのすそをめくった。「ここだけ鍵が壊れてるんだ」

「ありがとう」

体の幅だけ窓を開けた。冷たい風が顔にあたった。街灯のせいか、家のなかより外のほうが明るかった。

段差があったので慎重に芝の上に手をつきながら庭に下りた。後ろを向くと、ジャックが今にも泣きだしそうな顔をしてこちらを見ていた。その時、初めて気がついた。顔中をひげに覆われてはいるが、ジャックは、まだ、とても若い。

「お母さんに」とわたしは言った。

「うん。伝えとく」とジャックが言った。

「すぐ帰ってくるから」

「待ってる」

ジャックに教えられた通り、右へ進むと門扉があった。おでこで押しても開かなかったので、下をくぐって道路に出た。

自分がとんでもないドジを犯したことに気がついたのは細い路地を抜けて商店街に出た直後だった。一体、わたしはどこへ向かおうとしているのか。自宅がどっちの方角にあるのかもわからないのに。

うっかりしていた。よく考えたら今いる町の名前も知らないのだ。ジャックに地図でも借りようと思い、きた道を戻ろうとした、その時だった。目の前がパッと明るくなった。と同時に、本日二度目の、地鳴りのようなエンジン音が耳のすぐそばできこえた。逃げる暇などなかった。わたしは轢かれた。

わたしを轢いたのはゴミ収集車だった。運転していたのが市の職員だったことから、新聞の記事にもなった。警察の調べに対して運転手は「まさか、道の真ん中で寝てる人がいるとは思わなかった」と話したそうだ。この事故でわたしは全治三カ月のけがを負った。

こういったことは、すべて、意識が戻ったあとにきかされた。わたしは自分のけがの度合いも知らなければ、事故が新聞で取り扱われたことも知らなかった。救急搬送されてから丸一週間、わたしは病院のベッドの上で眠り続けていた。目が覚めた時、最初に飛び込んできたのは父親の顔だった。真由美、真由美、と何度もわたしの名前を呼んでいた。

「お父さん。わたし結婚することになったよ」

わたしは笑顔でそう言ったらしい。そしてまたすぐに眠りに落ちた。

あれから十年がたつ。

父親も医者も看護師も、当時、誰もわたしの話を信じてくれなかった。事故のショックで夢と現実の区別がつかなくなっている。そんなふうに言われ続けているうちに、自分でも何が本当かわからなくなった。どうしてもこの目でたしかめたくて、退院してすぐにひとりで事故現場を訪れた。わたしが轢かれた場所は、自宅から二キロほど離れた場所にあるアーケード商店街のなかだった。あの日、家を飛びだしたわたしは、ひとり遠いところまで来たと思っていたが、じつは町内をさまよっていただけだった。

全長五百メートルのその商店街を、松葉杖をつきながら歩いた。

入口から十メートルほど進んだところに、精肉店があった。店頭でコロッケの販売をしていたので、その場で買って味見をした。ひと口かじった瞬間に、間違いないと確信した。温度や歯触りは違っても、黒いポリ袋からすくって食べた、あの味だった。

精肉店の右隣りは八百屋で、左隣は薬局だった。薬局とのあいだに、人ひとりが通れるくらいの細い路地が伸びていた。ゴミやガラクタを避けながら路地を抜けると、車両進入禁止の標識が設置された道に出た。道の向こう側は、似たような家が立ち並ぶ住宅街だった。

同じ色の屋根、同じかたちの窓、同じの色の壁がずらりと並び、どの家にも鉄製の門扉がついていた。わたしは一軒一軒チャイムを鳴らし、そちらにジャックさんはおられますかとインターフォン越しに訊ね歩いた。

おりません。いません。お間違いではないですか。

どの家でも同じようなこたえが返ってきた。それが低い女性の声だったりすると、居ても立ってもいられなくなり、思わず「お母さんですか？」と訊ねた。あなたどちらさまですか？　ハッピーちゃんです。警察呼びますよ。こんなやりとりが何度も繰り返された。結局、わたしはジャックとの再会を果たすことはできなかった。

この十年のあいだに色々なことがあった。当時無職だったわたしも、今では家計を支えるため、毎日働きに出ている。夫と子供を送りだしたあと、自転車をこいでパート先の工場へと向かう。朝九時から昼の三時まで、ひたすらハンドクリームの容器にペタペタとラベルを貼りつけていくのがわたしの仕事だ。性に合っているのだろうか、楽しいか楽しくないかと言われれば、楽しい。リズムに乗って手首と指先を動かすことも、毎月二十日の給料日も、朝礼後のラジオ体操も、パート仲間とお弁当を食べながら、いない人の悪口を言うことも。外で働くことは、わたしが思っていたよりもずっと楽しかった。

三つ年上の夫とは、七年前に父親の知人の紹介でお見合い結婚をした。結婚してすぐに夫の転勤が決まり、まもなく隣りの県に引っ越した。一緒に越してきた父親は、翌年の冬に心臓発作で倒れ、意識が戻らないまま、二週間後に亡くなった。

父親と入れ替わるかのように、息子が生まれた。先月、小学生になったばかりだ。スポーツ好きの夫に似たのか体を動かすことが大好きで、三歳の頃から続けている水泳と体操に加え、最近はサッカーも習いたいと言いだした。月々の出費は嵩むが、夫もわたしも、本人が挑戦したいと思うことは何でもやらせてあげたいと思っている。

最近はパートと家事に追われて、一日があっというまに過ぎていく。昔の自分では考えられないことだが、忙しければ忙しいほど充実していると感じる今日この頃だ。人は変わるものだとしみじみ思う。忙しくて平和な日常。やさしい夫とかわいい息子。この生活に不満のかけらも抱いていない。それでも時々、ふと頭をよぎる瞬間がある。

たとえば、朝、お弁当箱におかずを詰めている時、ベランダで洗濯物を干している時、通勤途中で信号待ちをしている時、夫のシャツにアイロンをかけている時、夕食前に息子の宿題を見ている時。今頃、どうしているだろう、と。

笑っているだろうか。怒っているだろうか。泣いているだろうか。のぼる君に命令されて、わたし以外の誰かを見つけただろうか。その誰かが、キングを、ガンマを、ゴリマルを、産んだのだろうか。それとも、帰ってくると約束したわたしのことを、今もあの部屋で待ち続けているのだろうか。

あれこれ想像を巡らせたところで何にもならない。わたしは約束を守らなかった。薬指に結んであった「指輪のつもり」は、気づいた時にはなくなっていた。

いま、わたしの手指には、何の飾りもついていない。

千年紀の窓

米澤穂信

著　H・B・ライスバレー
訳　米澤穂信

1.

ラリー・シューメーカーの死に関しては、相互に矛盾した多くの見解が流布している。

どんな夜だったかについてさえ、シューメーカーの同僚で通報者のクリス・グリーンは十二月のペンシルヴァニアがあんなに暖かかったことはないと主張したし、ハミルトン通りで酒場を営むラウロ・ブルーニは、あれは骨まで凍るような寒い夜のことだったと後々まで語りぐさにしていた。雑貨店主のサンドリーヌ・ジローは赤い満月が煌々と照る夜だったと断言し、当時高校生だったアンソニー・パーカーは、あの夜は月明かりもなかったと信じていた。実際には当夜の月齢は九・二、最低気温は華氏二十七度[*1]、天候は曇りで雨や雪は観測されていない。事実と証言のずれは人間の記憶の曖昧さを物語っている

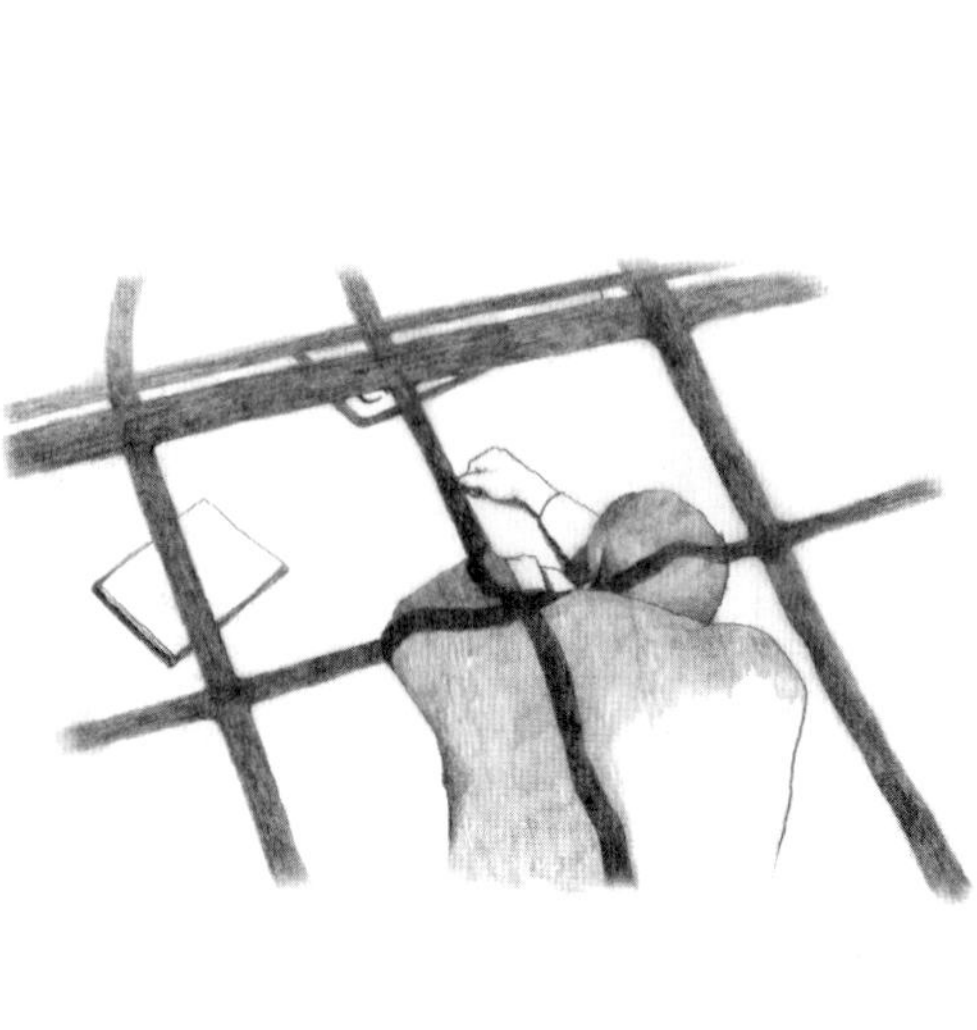

だろうが、それ以上に、人々があの平凡な夜を忘れがたい悪夢と受け止めている証でもある。

　最も冷徹な目であの夜に臨んだであろう人物、シューメーカーの死を捜査した二人の刑事に、当夜の印象を訊くことは不可能だ――彼らもまた死亡しているので。デュー・マクラウド刑事を知る人々は、彼は少し口が悪いだけで、法を遵守するよき公僕であったと語る。しかしマクラウド刑事はシューメーカー事件を境に、少しずつ感情の制御を失っていった。職務の上では、社会正義の執行に伴う強制力の範囲を逸脱する暴力性が目立つようになり、父親としては、妻と娘を殴って家庭を失った。シューメーカー事件から二年後、マクラウド刑事は、止まれと命じられて「なんだって?」と聞き返した市民――聴覚が弱く、付けていた補聴器は故障しており、そして武器は携帯していなかった――を射殺した。訴追されることはなかったが警察を追われることになり、その二ヶ月後、酒場での喧嘩で頭を殴られ、脳挫傷で死亡した。

　もう一人の刑事、ビル・スミスは冷静な判断力を備え、法への理解も深く、とっつきにくいところはあったというが、周囲から尊重されていた。彼はシューメーカー事件の直後に辞職し、四年後に事件の回顧録『青銀幕』[*2]を書き上げると、その刊行当日に自殺した。今日我々がシューメーカー事件について知ることのほとんどは、スミス刑事の記述に基づいている。

　その他の司法関係者も、シューメーカー事件については多くを語らない。例外は、ラリー・シューメーカーの検屍をしたダニエル・ハミルトン医師だ。

「シューメーカーは」

　とハミルトン医師は語る。

「心臓発作で死んだ。自然死だ。そう考えて矛盾する医学的な証拠は何一つない。彼の死は悲劇的な、しかし毎日起きている、病死の一つに過ぎない」

　医師の見識は尊重されるべきだ。だが、ハミルトン医師とは意見を異にする人々は事件直後から存在したし、いまでもそうだ。彼らはシューメーカー事件には未解決の点が数多くあると考える。たとえば、いったい何が、シューメーカーの哀れな心臓にとどめを刺したのか?

「ストレスだとしかいいようがない。心理的なストレスだろう。過度な苛立ちや怒り、不満、驚きは、心臓発作の原因になりうる」

シューメーカー事件のことを知る人間なら、こう訊くかもしれない。恐怖は？
「もちろん」
と、医師は答える。
「恐怖も、ストレスの一つだ」

ラリー・シューメーカーは一九六七年、ペンシルヴァニア州に生まれた。活発でよく笑い、足が速い男の子だったという。父親は自動車販売業を営んでいて、ラリーは三人兄弟の二番目だった。

六歳の時、彼は大きな不幸に見舞われる。咽頭炎に罹患したラリーに、両親は適切な治療を与えなかった――彼らは、少しぐらい喉が腫れても大したことではないと思ったのだ。加療がなくとも、レンサ球菌咽頭炎患者の九七パーセント以上は自然に治癒するのだから、ラリーの両親の判断が間違っていたと指摘することは難しい。しかしラリーは三パーセント以下の悪いくじを引き当ててしまった。彼の病状は悪化して、リウマチ熱を発するに至る。ようやく適切な治療が始められたが、すべてが元に戻るというわけにはいかなかった――炎症が彼の心臓を傷つけたのだ。激しい運動は禁じられ、将来はアイスホッケー選手になりたいというラリーの夢は永久に去った。

成長したラリーは、ＳＥとしてボストンで働き始めた。仕事ぶりは真面目で技能の向上も著しく、多くの友人に恵まれ、ボストン時代のラリー・シューメーカーは人々から尊敬を受けていた。ボストンでは七年間働いたが、会社が倒産したため故郷に戻り、しばらく父親の仕事を手伝った後、二〇〇〇年六月からＲ＆Ｒ兄弟社に入る。

Ｒ＆Ｒ兄弟社は、壊れやすい品物を専門に扱う運送会社だ。ガラス製品から楽器、美術品に至るまでを、特別な梱包を施し、特別な緩衝装置を備えた車で輸送する。大きな会社ではないが、顧客からの信頼は厚い。この会社の最大の問題は、運転手、車両、梱包係を適切に割り振ることが難しいという点にあった。熟練の事務係が手作業でシフトを割り振っていたが、業務の拡大につれて早晩行き詰まることは明らかだ。ラリー・シューメーカーは作業配分を自動化するシステムを作ることを期待され、そのために二〇〇〇年当時の最新の作業環境を与えられていた。

進捗は、あまり順調ではなかったようだ。R&R兄弟社の事務員クリス・グリーンは、ラリーは思うような結果を出せず、苛立ち、不満を募らせているように見えたという。そして運命の夜、午後六時で営業を終了した事務所で、ラリーはコンピュータに向かったまま、こう言った。

「もう少しやっていくよ。突破口が必要なんだ」

クリスは、焦ることはないと声を掛けようとしたが、ためらったという。彼は当時を振り返って語る。

「ラリーの、専門家としての技術が疑われ始めていたし、それは彼も知っていた。成果を残せなければクビになるのは明らかなんだから、彼自身が納得いくまでやらせてやりたかったんだ」

クリス・グリーンはその後、ラウロ・ブルーニの店で簡単な食事を済ませ、家路に就く。その途中で事務所の明かりがまだ点いたままだと気づき、様子を見ようと事務所に入る。

そして、ラリー・シューメーカーの死体を見つけたのだ。

ビル・スミスの著書『青銀幕』には、当夜のことがこう書かれている。


〈一見して病死だった。デュー(デュー・マクラウド刑事)は早く帰りたがっていて、「これは警察の仕事じゃないな」と二度言った。私も同じ意見だった——机に突っ伏した、ラリー・シューメーカーの顔を見るまでは。彼の顔は曲がっていた。数多くの死体を見てきたが、あれほど奇怪な顔は見たことがない。私は呻き、デューを呼んだ。私が見たものを見て、彼は言った。「神さま」〉

苦悶に満ちた死者の顔つきを見て、二人の刑事は病死以外の可能性を検討し始めた。ラリーは、精神に作用する薬物を服用したのではないか? もっとざっくばらんな言い方をするなら——葉っぱを吸いすぎて悪い旅をしたのでは? しかし、麻薬常習者を見慣れた刑事たちは、すぐにその見解を放棄した。現場には薬物摂取の痕跡が一切残っていなかったからだ。

〈体に傷はなかった。注射器の痕跡も、殴られた跡もなかった。シューメーカーは、作業中に突然、机に倒れ伏したとしか考えられない。〉

状況を総合すると、ラリーは仕事中、何らかの原因でひどいストレスに晒されたと考えられる。そのストレスがあまりに過大だったため、彼の表情は見る者をぞっとさせるほどに歪み、彼の傷ついた心臓は耐えきれずに止まってしまった。では、善良な――少なくとも平凡な――アメリカ市民であったラリー・シューメーカーにそれほどの苦悶を与えたものは何だったのか。『青銀幕』からの引用を続けよう。

〈手がかりを与えてくれたのは、通報者のクリス・グリーンだ。彼はR&R兄弟社で、作業シフトを組み立てる仕事をしていた。つまり、シューメーカーのプログラムが完成すれば仕事を奪われる立場にあったわけだ。その事を指摘すると、グリーンは肩をすくめた。

「プログラムの完成を世界で一番願っていたのが、僕ですよ。誰に確認してくれてもいい。シフトの組み立ては、本当に大変なんだ」そして彼は、こう続けた。「ところで、ノートを見ませんでしたか」〉

ラリーは作業中、思いついたことをすべてノートに書き留めていた。それは仕事上の備忘録であると同時に、彼独自のストレス解消法でもあった。ラリーはボストンで働いていた頃から机の端にノートを置き、作業上の問題点を列挙したり、上手くいった手法を書き留めたりするほか、愚かしい指示への反発や、椅子や机への不満、出前の味の評価まで、思いつくことを全て書き留めていた。

二人の刑事はラリーの机を探し、足元に赤い表紙のノートが落ちているのを見つけた。このノートこそが、シューメーカー事件が悪夢として知られる原因となった。

ラリーはその日、新しいノートを使い始めたばかりだった。つまりノートには、ラリーが死に至るまでの過程だけが書かれていたのである、

『青銀幕』には、ラリーのノートはほんの一部だけしか引用されていない。赤いノートは家族に引き取られ、そのまま燃やされるはずだったが、悪戯好きのビリー・シューメーカーにこっそり盗み出されたことにより火を免れ、それ以降も数奇な経緯を辿って、何部かのコピーが出まわるようになった。

あの夜、苦痛の内に死んだラリー・シューメーカーはなにを書き残したのか、今日、我々はそれを知ることができる。次章では、ラリーのノートを見ていくことにしよう。

2.

数字は、その走り書きがノートの何ページ目にあるのかを示す。カッコ内の記述は著者による補足である。

一　今夜全てを編纂[*3]しなくてはならない
探索者[*4]はどこだ
探索者がなければ、始まりもない

二　探索者はいない
本当に？
探索者はいない

三　探索者を見つけた
しかし、かくも時間を浪費するとは！

四　青銀幕　青銀幕　青銀幕　青銀幕
青銀幕　青銀幕　青銀幕　青銀幕
青銀幕　青銀幕　青銀幕　青銀幕

五　海豚を殺せ
海豚は必要ではない
海豚を殺さなくてはならぬ

六　我に林檎を与えたまえ
林檎には知恵がある
マッカーサー[*5]は偉大なり

七　支配[*6]　代替[*7]　消去[*8]
支配　代替　消去
何百回もの
支配と代替と消去

九　ああ　窓[*9]は自ずから階梯を上がる[*10]　許しもなく！
（涜神的な言葉を繰り返し）

十　青銀幕
信じられぬ

十一　破片を集めねば[*11]ならない
今夜、破片を集めねばならない
ああ、安寧よ来たれ

十二　動くな！[*12]（大きな文字で）
再び動くな！（さらに大きな文字で）

十三　支配　代替　消去
守護法[*13]を用いる
神よ　破片を集めることさえも叶わないのか？

十四　微細にして柔らかきものは不完全な機構を放てり
　　　微細にして柔らかきものは過てり
　　　微細にして柔らかきものは呪われてあれ

十五　今夜私が処理を殺さなければ
　　　窓が私を殺すだろう

十六　我々は間違っている。
　　　我々がそれを奴隷化するべきであり、それが我々を
　　　奴隷化することは誤りである。
　　　麦は人を奴隷化し、犂は人を奴隷化し、歯車は人
　　　を奴隷化した。
　　　過ちは繰り返されるのか？

十七　救済の中枢[*14]は呼びかけに答えない
　　　私の役目は易しいものであったはずだ
　　　救い給え

十八　私に[*15]　地獄行き
　　　千年紀（涜神的な言葉）
　　　私に　私に　私に　私に　私に　私に　私に　窓　私に

十九　窓！　私に！

3.

ラリー・シューメーカーは、このように死んだ。

千年紀は遠くに過ぎ去り、いまや、青銀幕や守護法を知らない若者も増えた。言葉[*16]から海豚は消え、破片集めは自動化された。では、我々は、ラリーが死の間際で警戒した、奴隷化の罠から逃れることができたのだろうか。我々はそれを、飼い犬のように手懐けることに成功したのだろうか？

微細にして柔らかきものが今後も世界を支配するにせよ、林檎が、あるいは別のなにものかがそこに取って代わるにせよ、あの千年紀ほどの恐怖と戦慄を世に放つことは想像しがたい。窓の千年紀が、我々人類が次の段階に進むために必要とされた残酷な運命なのだとすれば、ラリー・シューメーカーはその命を進化に捧げた殉教者なのだとも言えよう。

とはいえ、今後供される新たな装置がいかに優れた安定性を備え、人類に従順だとしても、それで我々が奴隷化の罠から抜け出したとは言えない——むしろ、効率的な装置は、我々を効率的に奴隷にするだろう。

ハミルトン医師の言葉をもう一度思い出してほしい、彼はこう言っていた。

「彼の死は悲劇的な、しかし毎日起きている、病死の一つに過ぎない」

新たなる千年紀は、まだ始まったばかりだ。

("The Windows Millennium")

訳注

＊1 およそ摂氏マイナス三度
＊2 原題は"THE BLUE SCREEN"
＊3 原文では"compile"
＊4 原文では"explorer"
＊5 原文では"MAC"
＊6 原文では"ctrl"
＊7 原文では"alt"
＊8 原文では"delete"
＊9 複数形。以下同じ。
＊10 原文では"update"
＊11 原文では"defragmentation"
＊12 原文では"freeze!"
＊13 原文では"safe mode"
＊14 原文では"support center"
＊15 原文では"me"
＊16 原文では"Word"

四月

仲田有里

子供を持つと言った友達２人いる　リラックスして駆ける人生

時計の無い生活　焦げた葉っぱから葉っぱへ移る視線のスピード

何かが始まりそうで怖い夜に化粧水広げて伸ばす顔の表面

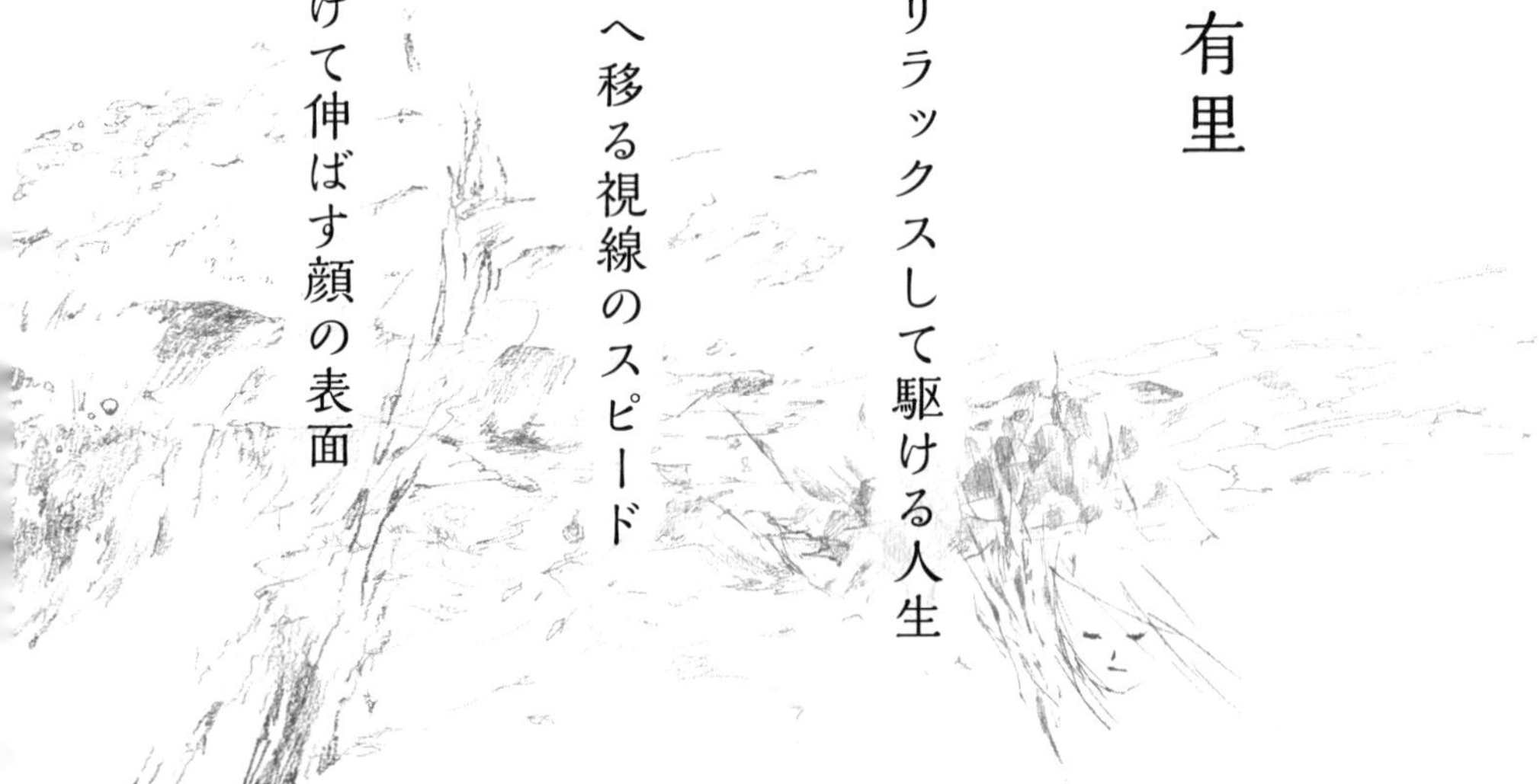

ハンバーグ美味しかったか月に問う　だんだん盛り上がってくる飲み会

吐き出したい気持ち押えて道に寝る　教会でする結婚式とお葬式

友達としての愛情受けきってきれいになった　黒目の輝き

ニュース見て葉っぱ焦がして一日中愛情を腑に落とすチャレンジ

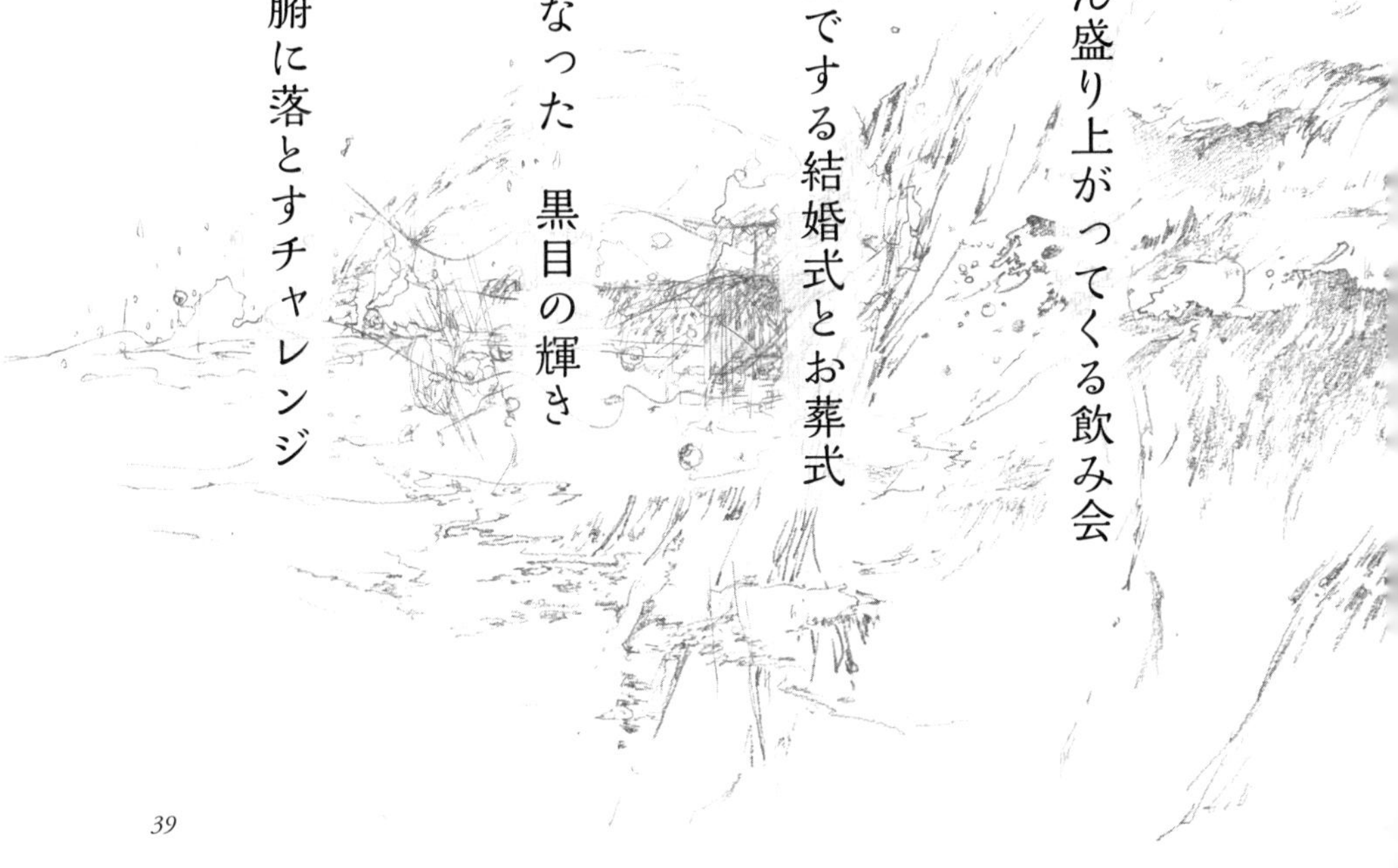

公園に一本足で立つ時計夜の街灯夜の発見

おめでとうを言う友達に恵まれるさびれた神社横目で見ながら

平日の昼間極寒のベランダで枯れた葉っぱの後片付けする

連日の別離の合図連日のとても気持ちのいい寝入りばな

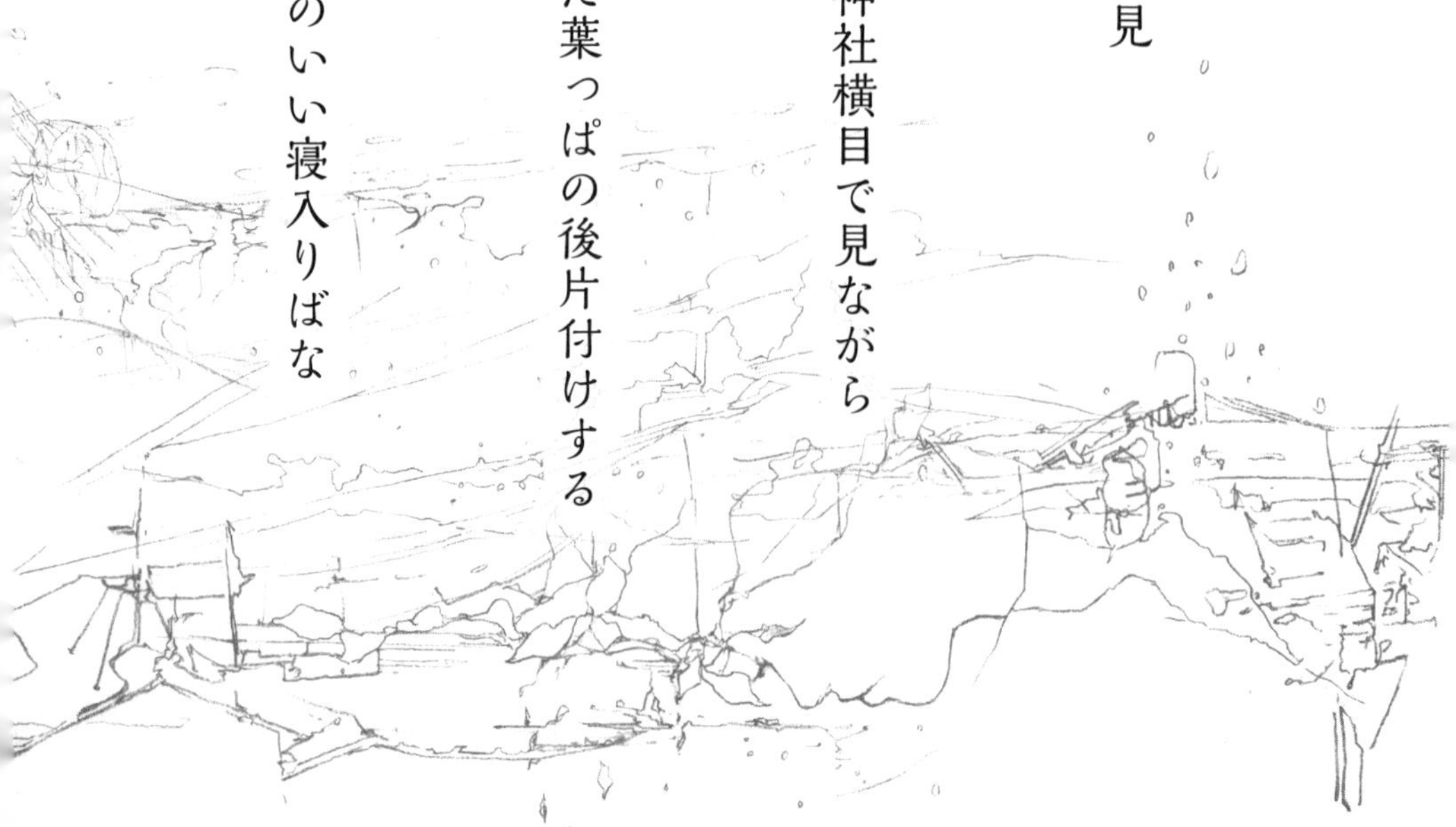

クリームがお皿に付いて指でぬぐう　魚が水に合わずに死んだ

溜めたまま入らなかった浴槽の水と朝にお湯沸かす鍋

必要ないことには折れる心作る　夜明けの散歩　四月のストーブ

あと少し面白いから続けよう　道を隔てて変わる雰囲気

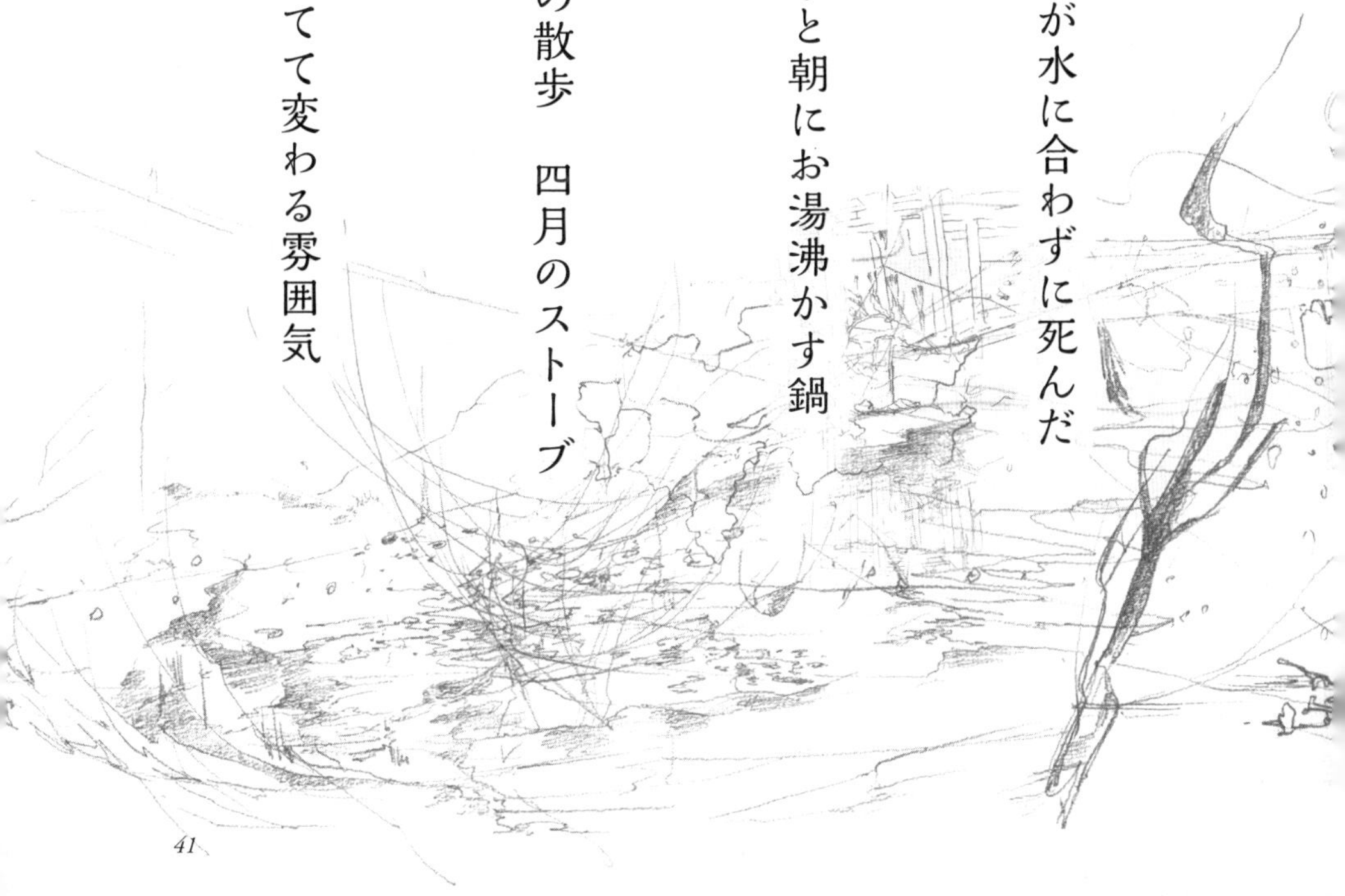

これはテストだとあいつは言っておれは水にはいる

フラワーしげる

三田さんだったから給湯室が暗かったのか　三田さんは目が見えない

いいものが売れる時代がほんとうにきたらどうすると不動産屋が言う赤羽の夕方

焼き魚がふいに口をひらいてどうだうまいかという春の第一日

写真の下にまじょがりと書かれ　書いた祖母がもういないこと

いまタクシーから降りかけているやつらも一緒に歌いだす政府の歌

その小さな場所にびっしりと小さな人が群れていて、みんな働いている

この車両の前部もつぎの車両の前部もたぶん人をはねとばしたことあるよ有楽町

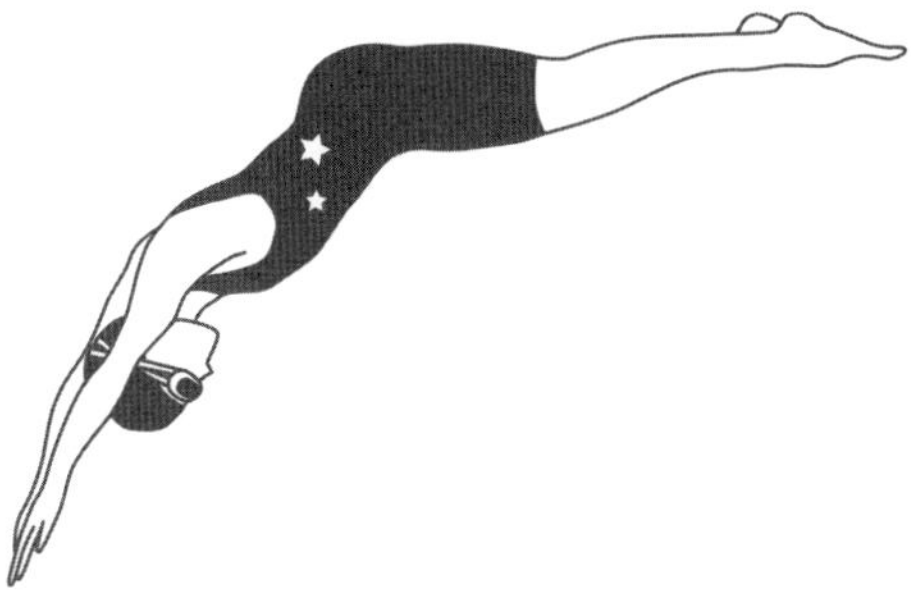

いたいよいたいよという声がちいさく朝を埋めて　展翅盤の蝶々がみな生きかえってる

いつか父親を殺した死に会ったとき殴り殺してやろうと思って買ったメリケンサック

むかしからお前のことがきらいだったんだよと背中の手の届かないところが言う

起きた上半身が歯ブラシを使う朝　大きなものが家をまたぐ

いま胸の割れ目見せるのなんか違うだろと思いながらよその会社でにこにこしてる

生まれたときに顔に落書きをされたのだけれどなんて書かれたのかまだ知らない

まず性器からかくんだよ裸をかくときは　小学生　永遠に生きろ

ウインクができなくて両目をつぶってしまう女の子しか入れないんだここ

ジェネリック

「ないものへのメール」という執筆依頼をいただき、いなくなった人、なくなった物に向けて／について書く機会を得て、まず思ったのはトマス・ジェファソンかエイブラハム・リンカーンあたりを呼び出して「この大統領なんとかしてくださいよ」と頼み込むとか、日本の首相をなんとかしてもらうためには誰を呼んだらいいか、といったことだったが、これってそういう恐山みたいな話じゃないよなと思い直し、あらためて考えてみると、かつての友人とか恩師とか、わが人生において大切だった人たちのことも思い出されないわけではないのだけれども（ワープロソフトに「否定の連続」と否定されたが無視する）、と同時に、以前にはそこらじゅうで日常的に見かけたのに今はなくなった品々などもアタマに浮かんできて、具体的にはたとえば、魚屋の天井から吊されていた蠅取り紙とか、バスの車掌さんがみんな首から提げていた蟇口《がまぐち》の親玉みたいな鞄とか、朝日ソノラマという会社からたくさん出ていたぺっらぺらのソノシート（若い人のために説明すると通常の盤よりずっと薄くてだいぶ安価だったレコードで、雑誌の付録なんかにもよくあった）とか、なんだか要するに昭和ノスタルジーみたいな話になってしまいそうで（あ、でももうひとつぺっらぺらの、いま思うと「ディスク」とは呼びがたい五・二五インチのフロッピーディスクなんかは平成に入ってもまだあった）、そういう事物に向かってこちらの現在の悩み事困り事（階段を上がると息切れが……）を聞いてもらうというのも、面白いかどうかは疑わしいが案外本人にとっては実用的効果があるんじゃないかという気もする一方、翻って思うに、こうやって自分の記憶の中にそれなりに残っているものを真の意味で「なくなったもの」と呼んでいいのか、誰か一人の記憶の中で生きつづけている限り何人《なんびと》も何物もいなくなって／なくなってはいないのではないか、と一般論を唱えたくなったりもして、だいたいこの歳（六十三、すなわちビートルズの“When I'm Sixty-Four”で歌われている年齢まであと一年、というか正確には六か月未満で、中学生のとき初めてこの歌を聴いたときは自分には関係ない話であって「僕が六十四歳になるわけはない」と無根拠に断定したものだがむろんそれは無根拠だった）になると、アタマの中に入っているのは今いる／あるのではない者／物がほとんどであって、逆に、今いる／あるものは本当にいる／あるのか、と反対方向の問いかけに走ってしまいたくなるほどであり、当然そこから、今僕は本当にいるのか、という問いまではほんの一歩なのだが、実は後者については、いやこの息切れは本物だ、とか、この膝の痛みはどう考えたって「ある」ぞと確信できて、存在論的不確かさは身体的劣化によってあっさり否定され、結局そうした似而非《えせ》哲学的脱線も無駄骨に終わるので、仕方なく真の意味でなくなったものの問いに立ち返ると、やっぱり本当になくなったものとは記憶からもこぼれ落ちてしまったもののことではないかという気がだんだんしてきて、そうするとそれは記憶にないものなわけだから、それに向かって語りかけようにも当然何に向かって語りかけたらいいかわからないわけで、ならいっそ「記憶からこぼれ落ちたもの全般」に向けていわばジェネリックに語りかけるのはどうか、とアイデアとしてはわりとすぐに浮かぶので、じゃあジェネリックな語りかけってどんなだろう、と考えて「ぼくの記憶からこぼれ落ちてしまったみなさん（人・物・概念等すべて）へ　みなさんのことを記憶から失ってしまい申し訳ありません。ぼくとしてはみなさんすべてを覚えていたいのですが、なにぶんメモリに限度がありまして、一定期間アクセスしないデータはいつのまにか消去されてしまうみたいなのです。でもフロイトを信じるならすべての記憶は無意識のなかにひそんでいていずれ回帰します――特に『不気味なもの』は。みなさんが回帰されるのを心待ちにしています。柴田元幸」とアタマの中でタイプし、送信タブをクリックした。

柴田元幸

拷問の夢を見ている

いったいどういうわけか夢のなかでよく拷問を受けている。車裂きにされたりひとりでオリンピック会場を作らされたりする。このあいだは耳の穴から長い虫を入れられた。長い虫は私の肉を掘り進んで骨を舐めた。血を飲み、内臓をたべる音が聞こえた。くそむかつくので、目が覚めるとまず私は「くそむかつく」と声に出す。それから夢での拷問を〈拷問ノート〉に書き写す。そうやって傾向と対策を練っているのだがどうにもならない。それどころか拷問はどんどんエスカレートしている。復讐せねばなるまい。私は武器を持ってねむることにした。

殺虫剤、金属バット、ビール瓶、包丁、鎖、岩……いろいろ考えた末にヨーヨーを選んだ。ヨーヨーを手に持ってねむるのが一番おしゃれだからだ。けれど夢のなかで武器を持っていることは一度もなかった。家中の埃をお尻の穴に詰められて目が覚めるとヨーヨーが絡まって腕が鬱血していた。武器よさらば。頼れるのはこの体だけだった。私は私ではなくてアーノルド・シュワルツェネッガーかドウェイン・ジョンソンだったらよかった。いったい何度そう思ったことだろう。なにもかもひとより劣るこの体ではろくに復讐もできない。枕を濡らす日々がつづいた。

そんなあるとき、私は夢のなかで恐竜になっていた。しかも、THE恐竜という感じの恐竜だった。私はよろこびに打ち震えた。ぴょんぴょん飛び跳ねると地響きがした。爪で撫でるだけで木がちぎれた。強い体。これで私は拷問を受けない。ぶち殺しだ。世界の覇者になった気分だった。人間を踏み、ビルを倒し、常識という常識を破壊しながらあなたのことを待っていた。私に拷問を仕掛ける、得体のしれないあなたを。

あなたは現れなかった。結局のところ、その夢で私は恐竜としての一生を過ごしただけだった。気がつくと私は恐竜のパーティに出席している。子どもの恐竜が足元を走り回っていて、大人たちは笑顔の裏でお互いを値踏みし合っている。私はどちらの輪にも加われない。ウェイターが私の手からまだ残っているワインを回収する。なにもしてないのに子どもに泣かれる。パーティ用の正装で筋肉が凝り固まってすべての動作がぎこちない。私はだれとも適切な距離が取れない。陰口が聞こえる。涙目になってくる。これっていったいなんのパーティなんだろう。恐竜がこんなに人間っぽいなんて知らなかった。私はだんだんイライラしてきて、顔で円を描くように首を回してがおーと吠える。でもその叫びは掠れていて、だれも聞いていない。パーティなんて嫌いだ。希望なんてどこにもないんだ。こんなことならいつもみたいに拷問を受けている方がましだった。私はあなたがくるのを待ち望んでいる。きっとあなたは私に対しての凄惨な拷問でパーティ会場の空気を凍らせてくれる。現れたあなたは手に持てるだけの拷問器具を携えている。あなたが歩く度に摩擦音と不協和音がして、もうその音しか聞こえてこない。あなたが私の手足をダクトテープで縛る。一本ずつ睫毛を抜く。腕にカンナをかける。服の隙間から溶けてぬるくなったアイスクリームを流し込んでくる。恐竜たちが輪になって私たちの拷問を見学している。

「へえ、大前粟生ザウルスさんはこういうのが好きなんだ」とあなたがいう。そのとき私はどんな顔をしているだろうか。内面ではあなたがきてくれてほっとしているのだが、無理やり怒り顔を作っている。きっとそうだ。私たちは拷問する者と復讐する者、そういう関係だから。

「てめぇ」と私はいう。「ぶっ殺してやる」本心ではない。本当は仲良くやっていきたいが、そんなことはいえない。関係の外に出ていくのはこわい。とてもこわいことだ。あなたはどうだろう。この文章をどう思う? 僕らは別のかたちでも安心できるかな。

大前粟生

昆虫図鑑にないキミへ

あの時はキミのことを新種の虫だと思い込んでしまって申し訳ない。ボクの持っていた昆虫図鑑にキミのことが書かれていなかったんだ。図鑑に載ってないイコール新種だって、普通は思うよね？　まあ、夢見がちな小学生のかわいい早とちりだと思って許してほしい。大体、当時の図鑑が悪いよ。子供の感覚で虫だと思えるものは、みんな昆虫図鑑に入れてくれたらいいんだ。昆虫の定義とか昔の子供にはどうでもよくってさ、虫っぽければ虫でいいと思うんだよな。今はもっと大変だけどね。この虫なんだろうって誰かに聞くと、「これは虫じゃないよ」「広義で解釈すると虫だよ」「このへんの線引きは曖昧で」「古くは虫という字は」みたいなことになるから面倒くさいんだ。虫は虫でいいじゃんか。

それはいいとして、出会った日のことは覚えてる？　同級生の佐藤君の家の近所に、カタツムリのにおいのする畑があって、その端っこに食料品のデリバリーをする会社のコンテナが建っててさ。「なんだこれ！」って佐藤君の驚く声がして、駆け寄ってみたら、コンテナの扉に赤黒い長いヤツがひっついて、伸びたり縮んだりしながら、もやしの葉っぱみたいな頭をヘロヘロさせてるんだ。キミのことだよ？　で、家に帰ってから、あの虫、すげぇ気持ち悪かったなって思い返して（失礼）、やっぱり気になって戻ってみたらキミはまだそこにいて、総菜屋のコロッケや卵焼きのにおいがする夕闇の中で見るキミは黒みが増して、普通の生き物っぽくなくて、今だからこそできる表現だけれど、とても禍々しかったよ。

キミのことを宇宙生物だって騒いだことも謝っておかないとね。あれに関してはボクの父を責めてくれ。数字が三つ書かれた銀河鉄道が本気で夜空を走っていると信じている子供が、「宇宙から生き物が落ちてくることがある」なんて親に真顔で言われたら、そりゃ信じるよ。父もキミのことを知らなかったみたいだから、息子に説明できなかったんだろうけどさ。

それから二十年くらいたって、キミがコウガイビルって名前だと知るんだけど、まだあの時のことが気になってるよ。新種か！　宇宙生物か！　そんなロマンの塊みたいなキミを学校で見せびらかそうと思って、ワンカップの空き容器に入ってもらったのは覚えてる？　ちゃんとラップをかけて、爪楊枝でプツプツと穴を刺して、忘れないように玄関に置いてさ。でも朝になって見たら、キミはいなくなっていたよね。ラップもはがれてなかったし、あんなに小さい穴から逃げたとも思えない。キミはどんな方法であの場所から逃げたんだろう。佐藤君に話したら、まあ盛り上がったよ。テレポーテーションだ、透明になったんだ、やっぱり新種の生き物だ、いや、宇宙生物だって、熱い議論をかわしたものさ。

さっきも書いたけど、今はこういうことを迂闊に人には聞けないね。すごくつまらないことになる。正しい情報が入ってきてしまうんだ。そういう時代だからね。知らなくてもよかったことを知って、あの頃のロマンは殺されてしまうんだ。そういうわけで、ぼくはこの件については調べたことがないし、人にも話さないことにしている。子供の頃から大切にしている謎だからね。

今になってキミにこんなことを書くのも、ちょっと寂しい報告があってさ。あのコンテナ、なくなってしまったよ。キミがはりついていたあの場所だよ。コンテナを使っていた食料品のデリバリー会社はもっと前になくなってた。カタツムリのにおいがする畑も大きな駐車場になってるし、面子で遊んだ道はきれいに敷き直されて、町の名前も少しだけ変わってしまった。佐藤君は昨年の秋に死んでしまったしね。キミがいた場所、キミとボクがいた町、キミを見つけた佐藤君は、もうないんだ。そうそう、父はキミのことを忘れてた。いちばんスケールのでかいロマンを寄越したくせに！

気が向いたらでいいから、あの町に帰ってみたらいいよ。その時はきっと、ボクの息子がキミを見て、「なんだこれ！」って驚く声をあげるから。

黒史郎

こんにちは、鴨長明さん

こんにちは、鴨長明さん。このところ、あなたの書かれた『無名抄』を拝読しています。私はあなたの時代から八百年くらい後に生きている者です。いまも短歌として三十一文字の歌はつづいていますが、私自身はそういう音数の決まった定型の表現ではなくて最近（といっても百年以上は経っていますけど）かたちを成してきた自由詩と呼ばれる領域を中心として、心から出てくるものを言葉にしています。『無名抄』を読んで、驚きました。というのは、あなたの時代の歌が持っている問題と、いまの詩が持っている問題（というより関心を引く点、といってもいいかもしれません）に、かなり共通項もあるようだと、わかったからです。

たとえば、静縁さんの自作の歌「鹿の音を聞くにわれさへ泣かれぬる谷の庵は住み憂かりけり」のことです。現代風に言い換えてみると「鹿の声を聞くと私も泣いてしまった。谷の庵は住むにはつらいところだったのだ」という感じでしょうか。この一首について意見を求められたあなたが「泣かれぬる」では深みがなさすぎるのでは、と率直に静縁さんに伝えたら、静縁さんは最初は納得できなかったそうですね。でもその後、静縁さんがあなたの師匠でもある俊恵さんにも意見を聞いたところ、どうしてそんな浅い歌を読むんだ、泣かれぬるとは何事ですか、とたしなめられたとか。「泣いてしまった」という言葉は確かにわかりやすいですが、そのまま過ぎて表現として浅薄だという判断の仕方があなたの時代にもあったのだなとわかって、面白いと思いました。

これと通じるところが少し感じられる逸話として、『無名抄』には藤原俊成さんの歌のことも書かれていますね。あなたの師匠の俊恵さんが藤原俊成さんのところを訪ねた際、自作の中でどれを代表作と思っているかと質問したら、「夕されば野辺の秋風身にしみてうづら鳴くなり深草の里」を代表歌と思っていますと、藤原俊成さんは答えられたそうですね。

音数と関係ないかたちで現代風に表すなら「夕方になると野辺の秋風が身にしみるように吹き、鶉のかなしそうに鳴く声が聞こえる深草の里」という感じでしょうか。この歌について、俊恵さんは「身にしみて」という第三句が惜しい、という意見だったそうですね。そこをはっきり言い過ぎたせいで浅くなっている、と。さらっと表すほうがいいのに、と俊恵さんは思っていたのですね。

作者の藤原俊成さん自身はそれもわかっていて表現されたのでしょうか。あえてはっきりすぎるほどはっきりと表してどうなるか試してみた、という印象も受け、どうなのだろうと想像します。表現にまつわる、加減の問題とでもいえばよいのか、こうした事柄は定型から離れた自由詩にも共通のこととしていまもあるので、面白いなと思いました。

ところで、あれはいつごろ起きたのでしょうか。例の〈秘曲づくし〉事件のことです。あなたが企画して、賀茂の奥のほうに演奏家たちを集めて、箏や笛や琵琶の秘曲を演奏する会を開いたとか。まるで別世界だったと、伝わっています。

あなたは伝授を受けていない「啄木」という曲を弾いたそうですね。それが漏れて批判されてしまったと、伝わっています。あなたの琵琶の師匠だった中原有安さんはずいぶん前に亡くなられたんですね。生きていたら、琵琶について一流の腕をもつあなたに「啄木」も伝授されたのではないでしょうか。正式に伝授されたとか、されていないとか、世間はやかましいものですね。

いまここで弾かずにどこで弾く、という勢いであなたが演奏した「啄木」、聴きたかったです。あなたの表現がそのとき、その一音一音へ凝縮されたことを想像すると、聴けなかったことが残念でたまりません。というより、その場に居合わせ、聴くことのできた人たちはなんと幸運だったかと思うのです。感想ばかりを並べてしまいました。『方丈記』もよかった。

それでは、どうぞお元気で。

蜂飼耳

ごみ

ツェワン・ナムジャ

星泉 訳

どこからともなく風が吹きつけてきて、拾ったばかりの大きなビニール袋がバタバタいいはじめる。タプンは今日もまたこの高いごみの山のてっぺんにやって来たんだなあと実感する。さっきまで体じゅうの穴という穴から噴き出していた汗がみるみる冷たくなって乾いていく。そのきりりとした冷たい風がヒマラヤの向こう側から吹いてくることをタプンは知っている。

ヒマラヤ山脈とそれに連なるチョモランマといった山々が、ラサへの幾多の風の到来を阻む壁となっている。もしヒマラヤ山脈がなければ、この街も、ラサのおばあさんたちみたいにこんなに皺だらけで白茶けているはずがない。それはタプンが表紙の取れてしまった本から学んだ地理の知識だった。その本もこのうず高いごみの山から見つけたものだ。向こうの街からごみとして捨てられる物の中にはまだまだ探し出す値打ちのあるものがたくさんある。タプンはそう思っている。

タプンはこの高いごみの山のてっぺんに立つと喜びがこみ上げてくる。テンジン・タシ翁が登ってこられないからでもあるし、ラサという名の高原の大都会を一望できるからでもある。彼はごみの山のてっぺんから遠くを見渡すのが大好きだ。もはや習い性といってもいいだろう。

見渡すたびに、ラサという都会と高いごみの山の間の、決して縮めることのできない隔たりを思い知らされる。タプンはそのたびに、自分も足元のごみと同じように向こうの都会から誰かに打ち捨てられてきたんじゃないかと思うのだった。

でも、こうも思うのだ。自分とごみが都会に捨てられたのではなくて、向こうの都会こそ、自分とごみによって打ち捨てられた残骸なのだと。

今はちょうど、ラサというこの細長い谷が一日のうちで一番暑くなる時間帯だ。世界で一番人びととの距離が近いことで知られるラサの太陽は、正午を回って少し傾いてきている。しかしごみ拾いの連中はまだ、このうず高いごみの山の山腹から麓にいたるまでのあらゆる場所で、タプンに言わせれば決してごみではないごみを探し回っている。

彼らが一日かけて集めた紙屑やビニール袋、缶、電化製品、割れたガラス、ボロ布、鉄屑、他にも靴や冬用の綿入れ、うまくすれば壊れたテレビ、背もたれつきの椅子、食器セットなど、古くなったもの、壊れてしまったもの、擦り切れてしまったもの、つまりは不用品となったものを集めて、ごみの主と呼ばれている四川から来た背の低い漢人に売るのだ。タプンたちごみ拾いは、そこで初めて一日分の収入を得る。タプンに言わせれば、然るべきごみの値打ちを見出したということだ。彼は自分の集めたごみの値打ちは人の顔が印刷されたこんな紙切れじゃ計れないもんだと思っている。逆に周りのごみ拾いの連中は、連中が集めたごみと同等の価値しかないとも思っている。

でも、ドルマだけは違う。絶対に違う。

タプンはごみの山のてっぺんに立って、ドルマの姿を目でこっそり追っていた。こうやってごみ拾いをしながらドルマを目で追うのは彼の大好きなひと時だ。実はこれこそタプンがごみの山の頂に登る真の目的といっていいかもしれない。ともかくタプンは、ドルマはそんじょそこらのドルマとは違うと信じている。チベットにはターラー菩薩を意味するドルマという名を持つ娘は多いけれど、彼の目の前でごみを集めているこのドルマこそが、本物のドルマだ。このごみ拾いのドルマと比べたら、あっちの街中にごまんといるドルマはみんなごみに見えてくる。でも、ドルマがいざこっちを見ようものなら、落ち着かなくなって目をそらしてしまうか、つい何か適当なおしゃべりを始めてしまう。

「テンタ爺さん〔テンジン・タシ翁の愛称〕、こっちへおいでよ。このあたりはいいごみがたくさんあるし、ヒマラヤの涼風に吹かれるのも気持ちいいよ」

　ラサを囲む山々の間からひんやりとした風が吹いてくると、タプンはこう言ってテンジン・タシ翁にちょっかいを出す。すると爺さまと周りの連中は、しばしごみを拾う手を止めてタプンの方を見上げ、どっと笑う。

　ドルマもタプンを見つめる。タプンのいう「ヒマラヤの涼風」は、ドルマが彼にインテリを感じるところだ。こんな言葉遣いをする人間はドルマの周りでは彼だけだ。

　ドルマが彼に魅かれるのはそれだけではない。かつてラサのパルコル〔ラサ中心部の巡礼路で目抜き通り〕で物乞いをしていたときに彼と知り合い、この仕事を紹介してもらったのだ。初めてこの高いごみの山のてっぺんに連れてきてくれたのもタプンだ。その日、ドルマは彼に連れられてごみの山のてっぺんに立ち、ラサという名の高原の都会を見渡した。もつれてくしゃくしゃの髪を風に揺らしながら小躍りした。

「わあ、ラサってこんなふうだったのね！」

　ドルマがこんな快哉をあげたものだから、タプンは彼女のことがすっかり気に入った。

「もしずっとパルコルにいたら、ラサの街がこんなふうに見えることなんて知らなかった。うわあ、ごみの山がこんなに高いなんて！　まるで本物の山みたい」

　その日、ドルマが本物の山みたいと言った瞬間、ラサを囲む山々の間から涼やかな風が吹いてきて、ドルマのもつれた髪を揺らした。タプンは、それはヒマラヤ山脈の向こうから吹いてくる風で、ラサにたどり着く前にヒマラヤ山脈の向こうで押し止められているんだと話してやった。

　ドルマはタプンが揺るぎない口ぶりで話すのを聞きながら、彼の痩せて骨ばった、よく日に焼けた顔に思慮深さを見てとった。この人なら信じられる。心の奥底で彼のことがぐっと身近に感じられたのだった。

タプンはその日のことを思い出しながら、再びドルマの方を見やると、ドルマはいつもと同じようにじっくりと吟味しながらごみを拾っている。他のごみ拾いの連中も、自分の持ち場をうろうろしながらあちこちをひっくり返してごみを集め続けている。その様子を見ていると、あたかもこの上なく貴重な宝物が埋まっているかのようだった。テンジン・タシ翁も最高のごみをいの一番に手に入れようとうろつきまわっている。タプンには爺さんが前世もごみ拾いをしていたんじゃないかと思えたし、来世もごみ拾いに生まれるんじゃないかとすら思えた。タプンもてっぺんから降りて、他のごみ拾い連中と一緒にごみをひっくり返しはじめた。

ほどなくしてタプンは大きくて質のいいビニール袋に入ったごみを見つけた。袋の中には紙皿にビールの空き缶、煙草の空き箱など、同じものばかりどっさり入っていたので、こいつは怠け者の独身男だろうなとあたりをつけた。ごみを袋に放り込んでいると、街の若者たちの暮らしも自分と大差ないじゃないかと思えてきた。少なくとも自分にはそんじょそこらのドルマとは似ても似つかないドルマがいる。そう思った瞬間、心の底から笑いがこみ上げてきて、思わず吹き出してしまった。周りのごみ拾いの連中は一斉にタプンの方を見た。

しかしタプンは周りの連中のことなど意に介さず、一心にごみを拾い続けた。あの連中はちんけなごみしか見たことがないから、たいしたことのないものでもよく見えたりしてしまうんだ。タプンはそんなふうに思ってごみを拾っていた。ふと前を見やると、赤い布団のようなものがある。よく見るとどうやら新品だ。テンジン・タシ翁が見つけてしまう前に何としても自分のものにしなくては。急いで手を伸ばし、手元にたぐり寄せてみると、中には何か重たいものが入っている。

タプンは慌てた。この重たいものは一体何だろう。中を覗き込んだ彼は、ヒマラヤ山脈から吹きつけてくる冷たい風で凍りついてしまったかのように、身動きできなかった。

なんと、布団にくるまっていたのは赤ん坊だったのだ。

タプンは赤いおくるみにくるまった赤ん坊を抱き上げた。二十年間というものごみを拾ってきたが、こんなごみは見たことがない。それにこれをごみと呼ぶのは似つかわしくないと思ったので、ここに子どもがいるぞと叫んだ。

　周りのごみ拾いの連中が一人、二人と集まってきた。赤ん坊の顔や頭についた埃はタプンが手できれいに拭ってやった。おくるみを開けると、皺くちゃの赤ん坊が現れた。

　この世にやってきたばかりで早くもごみの仲間入りをすることになった新しい命。体じゅう埃まみれの彼らは、それを目の当たりにして茫然と立ちつくすしかなかった。みなタプンと同じように何年もごみ拾いをしているが、こんなごみは見たことがなかったからだろうか。あるいは新しい命を目の前にして、あらゆる言葉を失ってしまったのだろうか。

「それに女の子なんだよ」

　タプンが再び大声を上げると、周りの連中はようやく一息ついて、ある者は笑みを浮かべ、ある者は一言二言かわしたものの、それ以上の動きは何一つなかった。タプンは自分と赤ん坊を取り囲む面々に視線を走らせてみたが、誰もが絵に描かれた人物みたいにさっきと同じ表情のまま固まっている。ようやくテンジン・タシ翁が声を張り上げて言った。「タプン、その子はとっくに死んじまってる」

　タプンがすぐさま顔を覗き込むと、赤ん坊は周りの動きを感じ取ったかのように薄く目を開け、手足を曲げたり伸ばしたりしたかと思うと、大声で泣き出した。ほら、生きてるじゃないか。なのにテンジン・タシ翁はどうしてあんなことを言うんだろう。訝しく思いながら爺さまの方を見ると、生涯ずっと高原の太陽に晒されて黒く日焼けした顔に、何とも言えない切ない表情を浮かべていた。そして長いため息をついたかと思うと首を横にふった。

　周りのごみ拾いの連中もうなだれて、それぞれの持ち場に戻っていった。そのさまは、まるで何か過ちでも犯したか、はたまた悪事でも働いたかのようだった。タプンは彼らが静かに立ち去っていく姿に、後悔の念か、あるいはやるせない思いを感じ取っていた。

「タプン、よく考えろよ。俺たちはごみ拾いでなんとか食いつないでいる身なんだぞ」

　テンジン・タシ翁の言葉はタプンの耳に鐘のように響いた。この一言で自分の収入がいかほどなのか、そして自分の家の状況がどんなだったか思い出させられた。いやそれどころではない。さっきごみの中から拾いあげたこの命をまたごみの中に戻したら、罪を犯すことになるではないか。タプンはようやく、みなが立ち去るときのやるせない表情が腑に落ちた。今日なんの因果か見つけてしまったこのごみは単なるごみではなかったのだ。

世界で一番人びとに近いというラサの太陽は、いまだこの細長い谷に留まっている。チベット高原に鎮座している太陽はいつもと同じようにラサの谷にしつこく居座っている。赤いおくるみは陽光のもとではなんと目にしみるものだろう。陽光があまりに強いので、汗まみれの身体はどんどん乾いていく。タプンはヒマラヤの向こうからくる涼風が、今こそ吹いてくれたらいいのにと思っていた。

なんの因果か拾ってしまったこのごみ、もしくは招かれざる客としてやってきたこの命のせいで、ごみを拾い集める気力がすっかり失せてしまった。彼は赤ん坊をもう一度おくるみにくるむと、ごみの山からほど近いところにある窪地に行った。タプンはそこに赤ん坊を赤いおくるみにくるんだまま置き、どんよりとした気分で立ち尽くしていた。とそのとき、得体の知れない強烈な力に引っ張られて地面に尻をしたたかに打ちつけてしまった。堪え難い激痛が尾てい骨から脳天まで一気に駆け上った。激痛が脳天に達した瞬間は弦楽器がかき鳴らされる一瞬にも似て、痛みがタプンの心身を駆け巡った。

心にまで襲いかかってきたこの痛みは、どう考えてもあの特別なごみが引き起こしたものに違いない。タプンは赤ん坊をちらりと見やってから、ごみの山の山腹や麓で何かを探し続けている者たちを眺めながらつぶやいた。「なんであいつらじゃなくて俺が見つけちまったんだろう」赤ん坊は相変わらず身じろぎもせず、ラサの陽射しに照らされている。タプンは再び目の前のごみの世界を一瞥すると、今度は振り返って都会の方を見つめていた。

ごみの山の麓からラサという高原の街を見下ろすと、そこは相変わらずの喧騒が渦巻き、何かに向かって突き進んでいる。思い返してみると、幼い頃からこの街はそうやって前に突き進んでいた。今や大人になったけれど、この街はいまだ飽くことなく前へ前へと向かっている。いったいいつゴールにたどり着くことができるのだろう。この街はゴールに着くまで、今日の赤いおくるみにくるまれた赤ん坊のようなごみをどれだけ捨てることになるのだろう。そう思うと恐ろしくてたまらなくなった。

赤ん坊がふいに手足を伸ばしたり縮めたりしはじめたので、きっちりくるんであった赤いおくるみが崩れた。何が不満なのかむずかり出し、か弱いけれども鋭い泣き声をあげた。まるで御託宣を発するかのような力に満ちたその響きに、ごみ拾いの連中はみな凍りつき、そばにいたタプンは甲斐甲斐しく世話を焼く羽目になった。おずおずと赤ん坊に向き合ったタプンは、自分用に持ってきていた甘い乳茶《ミルクティー》を一口含み、一滴ずつ赤ん坊の小さな口に垂らしてやった。するとどうだろう、赤ん坊は口を盛んに動かしながら乳茶を飲みはじめたではないか。

赤ん坊が乳茶を飲んでいる間、タプンは身じろぎもせず、図体の大きな男の握りこぶしくらいしかないその小さな肉の塊に見入っていた。皺くちゃの顔、垢まみれの頭、それにビニール袋に開いた裂け目のような細い目を眺めていると、産まれてすぐの見た目が一番醜い生き物は人間じゃないかと思えてくる。でも、いつまで見ていても飽きないいし、考えれば考えるほど可愛く思えてきて仕方ない。タプンはすっかり混乱してしまった。

「おい、俺はもう二十年もごみ拾いをしてきたけど、お前みたいなごみは初めてだよ。お前は本当に謎のごみだな。俺はお前の持ち主が誰なのか知らないし、お前がどういう種類のごみなのかもわからない。あるいはごみと呼ぶのもおかしいかもしれない。いずれにせよごみとして捨てられた以上、ごみの一種ではあるんだろう。でも、なんで捨てられたんだろうな」タプンは眉間にきつく皺を寄せている。その皺の網目はいつまでも、そして誰にも解けそうにない。

今思い返してみると、二十年前の今日みたいな暑い日も、タプンという名の幼い少年がラサの路地裏でごみを拾っていた。当時はラサという高原の都会にはこれほど大量のごみはなかったし、タプン少年の周りにはこれほどたくさんのごみ拾い仲間もいなかった。しかしあっという間に時は経ち、幼かったタプンも二十歳を過ぎ、集めるごみも増え、種類も豊富になった。ありとあらゆるごみに囲まれているうちに、彼はごみに隠された秘密を知っていった。

ある種のごみが政府から出たものであること、あるものは家庭ごみであること、あるものは金持ちのごみであること、あるものは貧乏人のごみであることなどを見分けることができた。さらには男のごみ、女のごみ、教師のごみ、学生のごみ、医者のごみ、患者のごみなど。タプンはどんな種類のごみであっても、見ればたちどころに、ごみを捨てた人間が誰か、どういう種類のごみか判別できるのであった。

しかしこの赤いおくるみにくるまれたごみについては、彼の理解を超えていた。誰が捨てたのかもわからないし、どういう種類のごみなのかも判別し難い。そもそもごみと数えていいのかも皆目自信がない。

「お前はどんなに小さくても人間だよな。ということは、あっちの都会では人間までごみとして捨てるってことか。もしあの街が人間まで捨てるなら、もはや捨てられないものなんてないんじゃないか」そばにいる小さい人間は、甘い乳茶に満足して、動きもせず目を閉じて眠っている。それは裂けたビニール袋さながらで、窪んだところの左右にうっすらとした二本の線が引かれているようにしか見えなかった。

「ふん。俺があれこれ理屈を並べてもお前にはわからないか。正直言えば俺にだってわからない。でも今俺が知りたいのはお前をどうすべきかってことだ。もう一度ごみの中に戻せば、お前はほどなくして死んでしまうだろうし、死なせてしまったら俺は罪科を負うことになる。しかしなあ、自分が食っていくだけで精一杯だってのに、お前をうちに連れて帰れるわけがない。はあ。お前はまったく頭の痛いごみだ」

タプンがぐっすり眠っている赤ん坊に話しかけているのをごみ拾いの娘たちが見て、「タプン兄さんたら、すっかり父親らしくなっちゃって」と言いながら笑いこけている。笑い声を耳にしたタプンがうず高いごみの山を見やると、ドルマと目が合った。タプンはラサの谷が急に暑くなったように感じ、早くヒマラヤの向こうから涼風が吹いてくれないかと思うのだった。でもそのときやってきたのは涼風ではなく、ごみ拾いを中断してこっちに近づいてきたドルマだった。

「その子をどうするつもり？」

ドルマが頬にかかった髪を後ろにやる仕草を見て、タプンはやっぱりこの子が好きだと思った。

「俺もわからない」

ドルマは顔を上げて視線を逸らした。タプンのそばの赤子を見たくないか、あるいはタプンを見たくないのか、そのどちらかであることは確かだった。

「ごみ拾いの身の上だってこと、忘れてないわよね。それにあなたのうちには収入のない年寄りがいるのもわかってるわよね、タプン。この子がそんな親のもとに生まれてきてしまったことが間違いなの。あなたには何の罪もないのよ」

　こう言いながらドルマはタプンのそばに寄り添い、続けた。「タプン、この子を元の位置に戻してきて。もしかすると母親が取り返しにくるかもしれないし」

「取り返しに来るくらいなら捨てやしないだろ。まさにその母親に捨てられたんだぜ。運が悪いよ、俺も……」タプンは口をつぐみ、慌ててドルマの方を向いて言った。

「そうか、母親は確かに戻って来るかもしれない。いやきっと来る。でも取り返しに来るわけじゃなくて、誰かがこの子を連れていってくれたかどうか、確かめに来るんだ」言い終わるとタプンは赤いおくるみにくるんでもう一度ごみの山に向かった。

「ドルマ、君は本物のターラー菩薩《ドルマ》だな」

　タプンがつぶやいたこの一言はラサの谷を吹き渡る風に運ばれて、ドルマの長い髪を揺らした。でもドルマがタプンの後ろ姿を目で追いながら笑みを浮かべたのをタプンが目にすることはなかった。

　冷たい風が吹くたびにラサの街に日暮れが近づいてくる。

　しかしこの冷たい風はタプンの言うようにヒマラヤの向こうから吹いてくるものなのだろうか。いずれにしても世界で一番人びとに近いというラサの太陽はようやく空の端に届こうとしており、陽光が一気に流れ込み、ラサという細長い谷に溢れかえっている。この瞬間、ラサはまさに太陽の都だ。

　ごみ拾いの連中はラサの街で働く人びとと同じように自分の家に帰っていく。家路についた連中の背中は、一日かけて拾い集めたごみの荷に隠れているから、タプンの目には彼らの背中は一切見えない。でも彼はいつものように彼らを見送り、最後にドルマの姿が遠くに見えなくなるのを確かめた後、彼はうず高いごみの山の方を向いた。タプンの視線は、元の位置で風に揺られる赤いおくるみをとらえた。夕陽がラサの中空を半分に仕切ったこの空間で、赤いおくるみは他のどんなごみよりも、ひときわ目を惹く。

　羊の第三胃にも似たラサの谷を囲む山の間から、穏やかな涼風が吹いてきた。もはやそれがヒマラヤの向こうから吹いてきたかどうかなど、どうでもよかった。

彼がずっと待ちわびていたのは、子を愛する母親が泣きながら駆け寄ってきて、彼の見ている前で赤いおくるみもろとも抱きかかえて立ち去っていく場面だった。タプンにしてみれば、正直、母親でなくたっていい。とにかく誰かがあの子を連れていってくれたら、それで十分だと思っていた。しかし夕闇が忍び寄り、伸びてきた影が陽光を打ち消しながら近づいてきても、赤いおくるみには何の動きもなかった。タプンはどうにも落ち着かず、今生で一番嫌いな色は赤だとさえ思った。

さらに伸びてきた夕闇が、ラサの谷を染めていた陽光をすっかり消し去るのを待ってから、タプンは山を登り始めた。しかし穴のあくほど見つめても、赤いおくるみの端が風に吹かれてパタパタとはためいているだけで、このごみの山には何も起こらない。

急にどこからともなく吹いてきた強風がごみの山に風塵を巻き起こした。風塵はビニール袋や紙くずを一気に巻き込んで吹き荒び、挙句の果ては赤いおくるみの上も舐めあげていった。タプンはすぐさま目をつむり、歯を食いしばってやり過ごしながら、心の中で赤いおくるみにくるまれた赤ん坊も同じように口と目を閉じていてほしいと祈っていた。

ゆっくりと目を開けると、強風はどこかへ去ったあとだった。さっきまで狂ったように暴風が吹き荒れていたところに、どこからともなくやってきた牛の母子が佇んでいる。牛の母子はごみ拾いの連中と同じようにごみの山を角と蹄でひっくり返して何かを探している。

とその瞬間、牛の母子がひっくり返しているのはごみの山じゃなくて、赤いおくるみの中の赤ん坊なんじゃないかという思いがよぎった。ちょうどそのとき、やんちゃな子牛がビニール袋か空き缶か何かに驚いて何回か飛び跳ねた。タプンはたまらず、身を隠していたところから勢い込んで飛び出し、赤いおくるみに駆け寄ろうとした。でも、はたと別の思いが脳裏をかすめた。もし今あの子の母親が近くで赤ん坊を見守っているとしたら、こんなふうに駆け寄った自分が馬鹿を見ることになるじゃないかと。

思い悩んでいるうちに、小さな子どもが牛の母子を追ってやってきた。タプンはそこでようやく一息つくことができた。彼は元の位置に戻り、身を隠して、「ああ恐ろしい子だ。でもお前はラッキーなごみだな」とひとりごちた。

そう言い終わったかと思うと、世にも恐ろしい出来事が起きた。牛の母子が急に現れた子どもの姿にびっくりして逃げ出し、母牛が赤いおくるみの上をのしのしと歩いていったのだ。それを見た瞬間、泣きたい衝動にかられ、その思いが叫び声となって飛び出した。その叫び声は牛の母子に怒りをぶつけているかのようでもあり、あるいはまた自分自身に怒りをぶつけているかのようでもあった。ともかくタプンは赤いおくるみのもとに駆け寄った。

赤いおくるみはぴくりともしない。人はなんと簡単に死んでしまうのだろう。今さっき雌牛が赤いおくるみを踏みつけていった一瞬の出来事がまだ脳裏にこびりついている。

タプンは心の奥底からこみ上げてくるものをなんとか抑え込み、赤いおくるみをゆっくりと開けはじめた。するとこみ上げてきたものが目から溢れ出し、目の縁を濡らした。涙だった。俺が涙を流すなんて。大人になってからというもの、長いこと涙など流したことがなかった彼は、自分の涙に戸惑っていた。

おくるみを開けてみると、赤ん坊はつぶらな瞳で彼を見つめていた。赤いおくるみの片隅に二股に分かれた蹄の跡がついているのを見て、ようやくタプンは雌牛の蹄が赤ん坊に当たらなかったのだとわかった。タプンは嬉しかったが、今度は無性に腹が立ってきた。

「おい、お前はずいぶんと冗談好きなごみだな。だがな、俺には冗談に付き合ってる暇はないんだ。それに冗談を言う気力もない。せいぜいここで元気にしてろよ。俺は帰る」

タプンはそう言うとごみの山に別れを告げて自宅に向かった。脇目も振らずずんずん歩いている間、赤ん坊のか細い泣き声がBGMのように響いていた。赤ん坊の泣き声が耳に入ってくると、どうしても振り返ってしまう。そのうち振り返っても泣き声が聞こえるだけで、赤いおくるみはぼんやりと霞んで見えなくなった。

ついにラサという名の細長い谷に夕闇が訪れた。一日中どこに潜伏していたのかと思うほどの電灯が暗がりの中から次々と現れた。ヒマラヤの向こうから吹いてくる風に時おり犬の吠え声が混じる。実にラサらしい夜だ。

そう思うと同時に、タプンは犬が気になってきた。そういえばラサは犬の街だった。ちょうどごみの山の方から犬の吠え声がありありと聞こえてきて、赤ん坊の泣き声を徐々に飲み込んでいった。タプンはそれを聞いて、どうにも足が動かなくなってしまい、背負っていたごみを地面に放り出し、赤いおくるみにくるまれたあのごみの方へと駆け出したのだった。

翌日、朝の光の粒子が降り注ぎ、あたかも下絵に色づけを施していくかのように、この谷のありとあらゆる場所を昨日と同じさまざまな色で彩り、形をあらわにしていった。タプンは昨日とは何か変わっていてほしいと願っていたけれども、今朝も普段通りの、ごく普通の朝だった。この高いごみの山は静かにごみ拾いの者たちを待っているばかりで、タプンが望む動きは何ひとつなかった。もちろん赤いおくるみには何の変化も起きてはおらず、昨日の場所で朝の冷たい風に吹かれて端がパタパタと揺れているばかりだった。

その様子はタプンの目にも入っているに違いない。彼はごみの山の麓に身を隠し、赤いおくるみの様子を窺っている。今朝タプンが赤いおくるみをそっと昨日と同じ場所に置いたとき、ラサという細長い谷はまだ夜明けを迎えていなかった。もしよく知らない人が見たら、このごみの山も本物の山と見紛うことだろう。この赤ん坊の母親も、おそらくこの時間帯にこの子を捨てに来たんじゃないかとタプンは思った。しかし今やラサの谷はあまねく陽光に照らされ、視界がどんどん開けてきている。

タプンの願っているような変化は何も起こらない。でも彼は疲れた様子一つ見せず、谷が徐々に明るくなってくるにつれ、信じる思いを募らせていた。赤いおくるみを見守りながら、自分の願う出来事が起こると信じている。

タプンが望んでいたのは、赤ん坊の母親が現れることではない。母親なんてどうでもいい。母親が泣きながら駆け寄ってきて我が子を抱き上げて連れ帰ることなど露ほども期待していないのだ。タプンが待っているのは、自分と同じような誰かがどこからかこのごみの山の麓にやってきて、愛おしそうに赤ん坊を連れて行ってくれることだ。もし本当にそんな誰かが現れたら、絶対に感動する場面だと思って今から心の準備をしている。そんな人物が赤いおくるみのもとに現れたら、狩人に驚いた鹿よろしく一目散に家に帰るつもりだ。

タプンはさっきからずっとごみの山を見つめている。

しかし彼の見たい出来事は一向に起こらない。タプンはあれやこれやと考えを巡らせた。何を考えるにしてもごみとは切り離せないのが習い性だ。何の因果か見つけてしまったあのごみを見守りつつ、ごみとは何だろうかと考えていた。

ごみとは一体何なのだろう。以前はこの問いにはっきりとした答えを持っていた。タプンは当初、ごみとは向こうの街の人間たちが見い出せなかった価値だと思っていた。しかし昨日の午後見つけたこのごみのせいで、タプンの思うごみの概念がガラガラと音を立てて崩れてしまった。今はごみとは何かと問われても、自信をもって答えることができない。タプンは赤いおくるみにくるまれた赤ん坊がごみといえるのかどうか考えた。そう考えてみると、自分だってごみなのではないかと思えてくる。向こうの都会では人間までごみとして捨ててしまうというなら、もはやごみとして捨てられないものなどあるまい。

しかしいくら考えてもわからないのは、タプンが前から抱いている疑問なのだが、向こうの都会にはまだ捨てられるごみはどれほどあるのだろうかということだ。


世界で一番人びとに近いというラサの太陽が、より近くに迫ってきた。ごみの山の麓にはいまだタプンが待ち望む人物は現れない。だが彼はまだまだ自分と同じような、見知らぬ人物が現れるのを待っている。ここに至って初めて、タプンは自分の暮らしているこの土地がまったく救いようのないところだと実感している。チベット高原が地球の背骨だというのが本当なら、ラサという谷は背骨の盛り上がったところの細長い窪みにあたるはずだ。もしそうなら、その背骨はよぼよぼの老人の背中に違いない。タプンはそう思うのだった。

ごみ拾いの連中がぼちぼちごみの山の麓に集まってきた。しかしその中にタプンが待ちわびている誰かは見当たらない。愛おしげに赤ん坊を連れて行ってくれる人物はもう現れないと悟ると、タプンもごみ拾いを始めた。

テンジン・タシ翁とタプンの二人は普段はこのごみの世界では一番のやり手で、ボロボロのビニール袋でさえ取り合う仲だけれども、今日のタプンにはいつもと違ってはつらつとしたところがない。昨日何の因果か見つけてしまった赤ん坊を背中におぶって、ごみの山の麓でぼんやりとしている。今日はごみの山のてっぺんにも登らず、吹いてくる涼風にヒマラヤの寒気が含まれているかどうか吟味することもしない。おぶっている赤ん坊が重すぎるからなのか、そうでなければ何なのだろう。おそらくドルマのせいだろう。

とにかく今日のドルマはいつもと違っていて、まるで別人になってしまったかのようだ。いつもならドルマはタプンのそばに嬉しそうに寄ってきて、何やかやと楽しそうにおしゃべりをするのが常だ。いつもならタプンがちょっと面白いことを言っただけで、他のごみ拾い連中よりもよく笑ったし、ニコニコしていたものだ。しかし今日は、朝ごみ拾いに来てからというもの、ドルマはタプンに一言も口を利いていないし、会釈すらしない。彼女はそうやってタプンと距離を置いたままごみ拾いをしている。タプンが彼女の方をちらちらと見ても、目の前のごみを拾い続けるばかりで、彼の方を見ようともしない。近づこうとしても、わざと遠くへ行ってしまうので、今日は彼女との距離をどうしても縮めることができない。

「ドルマ、なんで俺を避けるんだよ」

今度はタプンは周りのごみ拾い連中に憚ることもなく、ドルマの前に立ちはだかった。

「別に何でもないわ。あなたがおぶってるごみが怖いだけ」

ドルマが頬にかかった髪を後ろに流す。タプンは相変わらずこの仕草が好きだ。

「違うんだ、ドルマ。この子はごみなんかじゃない」

タプンは思わず一歩前に進み出た。今口をついて出た一言をなんとか引っ込めたい一心だった。

「それがごみじゃないっていうなら、私をごみみたいに捨てればいいわ」

ドルマはこう言い捨てると、手に持っていたごみを放り投げ、向こうのごみの山の、タプンの見えない方に去っていった。

それを見ていた周りのごみ拾いの連中は待ってましたとばかりに笑い転げている。タプンは恥ずかしさで体がかあっと熱くなった。ラサというこの細長い街はなぜこんなに暑いんだろうか。ヒマラヤの寒気が運んでくる爽やかな涼風が吹いてくれたらいいのに。

でもラサの街は今が一番暑い時間帯だ。太陽という名の光の塊は、正午を回って少し傾いてきている。ヒマラヤの寒気が運んでくる涼風どころか、ラサの谷で一番よく吹く風すら吹かない。

　タプンはもうこれ以上ごみ拾いを続けられなくなり、ドルマがごみ呼ばわりした赤ん坊をおぶって少し開けたところにある窪地に行った。そこに赤ん坊を下ろし、赤いおくるみの上に寝かせると、タプンはごみの山に向かって声を張り上げ、軽口を叩いた。

「ロサンの兄貴、あんたのとこは息子一人だろ。この女の子をもらってくれないか。小さいうちは息子の遊び相手、大きくなったら息子の嫁にすればいいじゃないか」タプンがロサンの兄貴にそう言うと、周りの連中はごみを拾う手を止め、タプンのおふざけに耳を傾ける。彼らはタプンの軽口が好きで、一日の暮らしの中で一番楽しいひとときなのだ。

「タプンさんよ、うちには息子が一人いるから心配いらないよ。でもあんたはドルマにふられたばっかりだから、その子はあんたの老後の頼みにしたらいい」ロサンの兄貴の一言に周りの連中は大笑いしたが、タプンは黙るしかなかった。

　それからタプンはごみの山の麓でごみを拾っているパサン・ドルカル姉さんを見かけたので、声を張り上げて言った。「パドル〔パサン・ドルカルの略称〕姉さんにこの子をあげようかな。姉さんもそろそろいい歳だから、高齢出産で苦労するだろ。まあもっと言えば結婚相手が見つかるかどうかも怪しいもんだけど」その途端、パサン・ドルカルからビールの空き缶が飛んできた。

　そうこうするうちにテンジン・タシ翁がやってきた。

「爺さん、すっかり忘れてたよ。俺たちの中で跡継ぎがいないといえば爺さんだったな。この子は爺さんにもらってもらうのがいいや」タプンが皮肉たっぷりに言うと、テンジン・タシ翁はいつものように少し笑っただけで、口をつぐんでいた。爺さんはタプンに近づいてきて、隣に腰を下ろすと、ふいに思いついたかのように言った。

「タプン、その子を連れて街に行った方がいいぞ」

「ふふん。この子は街でごみになってここに来たんだ。また街に連れてってどうするってんだ」タプンは屈託なく言うと、赤ん坊をちらりと見やってさらに続けた。「俺たちの中でこんなごみを見つけたのは俺だけだぜ」

「わしの思うに、街に行って警察に届けた方がいい」

　この一言を耳にした瞬間、タプンは自分の目の前にいる老人をちらっと見たのだが、これまでともにごみの取

り合いをしてきた爺さんが急に見知らぬ人になったかのようだった。タプンは何かを悟ったかのように、「爺さん、あんたって人はまったく、奪い合いに勝てないタイプだぜ」と捨て台詞を放つと、赤いおくるみを背に、街の方へと降りていった。

ごみの山のてっぺんからこの街を眺めると、高さもさまざまな四角いものが大量に並んでいるように見えたが、実際に路地に入り込んでみると、長さも種類も異なる直線が編みあげられているように見える。ラサの街はほぼ四角と直線だけで出来ているんだと、そのとき初めて気づいた。どこから伸びてきたのかも、どこへ進んでいくのかもわからない棒線のような道路の交わる交差点で、タプンは途方に暮れていた。でも周囲の人も車もみな、目の前の道を前へ前へと進んでいる。やつらは進むべき方向をとっくに見つけているんだろう。

道端で休んでいる年寄りに尋ねてみたところ、交番はすぐそこだった。交番は外からも中からも丸見えのガラス張りだ。いつかこのガラスがごみとして廃棄されたら、テンジン・タシ翁に見つからないうちに拾ってやるんだ。

「この子の母親を探しに来ました」

「母親って君の奥さんかい？　名前は？」

「いいえ」

「名前は？」

「知りません」

「じゃあ、写真はあるのか？」

「ありません」

「じゃあ、母親のことで他に知っていることは？　例えば容姿とか、服の色とか」

「何もわかりません。この子はごみの山で見つけたんです」

「悪いけど、それじゃあ我々も手のくだしようがないよ」

少し会話を交わしただけで、タプンはガラス張りの交番を後にした。外ではあらゆるものがさっきと同じ喧騒の渦の中、どこかへ突き進んでいるようだった。しかしタプンはどこへ向かったらいいのかもわからず、途方に暮れていた。とそのとき、ガラス張りの交番から警官が顔を出してこう言った。「なあ、病院に行ったらどうだい。出産のときの記録があるかもしれないぞ」

病院の門を通って敷地に入ると、病院の入り口もガラス張りだった。都会にはガラス扉が多いが、外から中が見えるようにというより、中から外が見えるようにしているのだろう。タプンは敷地を通って病院内に入ってみたが、中も外と同じように人だらけだった。外に負けないくらい騒がしく、さっきまで外にいた人間が一挙に病院に詰め込められたのではないかと思うほどだった。

「病室は？　新生児を連れ出したらだめじゃない」

「あの、入院してるわけじゃなくて」

「診察ならあっちに並んで。そんなこともわからないの？」

「診察でもなくて、この子の母親を探しに来たんです。この子はごみの山で拾ったもんで……」

「捨て子なら児童福祉施設よ。病院なんかに連れて来てどうするの」

そのうち看護師は誰かに呼ばれて行ってしまった。またしてもほんの少し会話を交わしただけだった。外に出たときにはもう夕闇が迫っていた。ビルや街路樹には光の輪が残されているだけで、世界で一番人びとに近いというラサの太陽はもはや遠くへ遠くへと去ろうとしている。大きな影をこの街がまとっている服と見立てると、光の輪はその服に当てられた丸いつぎはぎのようだった。

「みなしごちゃん、君は誰にも必要とされないごみだね。施設でも要らないって言われたら、俺、君をどこかの路地に捨てちまうかもな」タプンはこうつぶやき、赤ん坊の顔を覗き込むと、児童福祉施設へ向かった。

職員室で施設の所長と向かい合って座っていると、外からは大勢の子どもたちが遊ぶ賑やかな声が聞こえてくる。職員室の窓から外を見ると、七、八歳の子どもたちが追いかけっこをして楽しげに遊んでいる。この子たちも誰かにごみとして捨てられたのだろうか。

「まあまあ、お茶を召し上がって」所長はタプンをもてなしてくれ、にこやかに言った。「事情はよくわかりました。あなたは本物の菩薩の心をお持ちだ。もしこの世の中があなたのような人ばかりなら、こんな施設などいらないんですよ。私だって自分に合った別の仕事ができるってもんです。わっはっは」

タプンはなんと返してよいものやらわからず、愛想笑いをして、また外で遊ぶ子どもたちの様子をちらりと見やった。

「しかしですな、この子はまだ赤ちゃんでしょう。うちの施設にしてみると小さ過ぎるんですわ。見ておわかりの通り、うちには子どもが大勢いるんですよ。われわれ職員が息つく間もなく働いても追いつかないほどでしてね。さらに赤ちゃんまで預かった日には、ああ、われわれの首が回らなくなってしまいます。でも安心してください。この子は必ずやうちの施設で引き取りますから。ただその前にお宅で二、三年ほど世話をしてくれませんかね。大勢のごみ拾いの中で、まさにあなたが見つけたというのは縁があったということじゃありませんか。ねえ、はははは。二、三年はどうか面倒を見てやってくださいよ」

施設を出ると、日はとっぷり暮れていた。

日が暮れてしまったので、タプンは自分の家に帰る道を見つけるのも苦労するほどだった。しかし自宅に戻るより他ない。彼は赤いおくるみの赤ん坊をもう一度背負い直し、「ほらね。君は誰にも必要とされないごみなんだ」と話しかけた。そして街灯の明かりを頼りに帰路についた。

施設にほど近い道端にボンネットのあるマイクロバスが停まっている。赤ん坊をおんぶした彼がその脇を通り抜けようとしたとき、中から黒い影がぬっと現れてタプンに話しかけてきた。

「なあ、福祉施設で預かってもらえなかったんだろ」

「あんた誰だ」暗闇の中からふいに姿を現したその男は、タプンを震え上がらせた。急なことで驚いて、相手を確かめようとしたが、男は帽子を目深に被っており、顔の造作も見えなかった。

「俺の正体など気にするな。もしその子が要らないならこっちに寄越せ。俺がちゃんと面倒を見てやる。それに金もたっぷりやるよ」男はタプンとの距離を詰めてきた。

タプンは歩みを早めた。息が詰まって、このまま呼吸が止まってしまうのではないかと思った。と同時にタプンは闇夜に恐怖を覚えた。二十歳を過ぎた大人になって初めて抱いた闇への恐れだった。足早にずんずん歩いていくと、あたりは完全に闇に包まれてしまった。真っ暗闇の中からまた何者かがぬっと顔を出してくるのではないかと思うと、前に進んでいるというより、逃走しているような気さえしてきた。

「そんなに慌ててどうしたの？　金額で折り合いがつかなかった？　いや、あんな奴に売らなくてよかったわよ。だってあいつは金の亡者だし、子どものはらわたを取り出して売るつもりなんだから」

振り返ると、今度近づいてきたのは女だった。タプンはそこでようやくあの男を振り切ったことに気づいた。しかしその女もまたあの男と同じようにタプンにぴったりついてきて、あれやこれや言い募るので、暗闇の中にまだ隠れている何者かが突如姿をあらわすのではないかと慄いた。

「心配しなくていいわよ。あたしは赤子殺しなんかじゃないんだから。それにさっきの男よりもお金を積むわよ。その子は女の子？」

女がしつこく絡んでくるので、タプンは猛然と歩き出した。とそのとき、道路上の正体不明の物体につまずいてうつ伏せに倒れ、体をしたたかに打ちつけた。目の前が真っ暗になり、膝のあたりがずきずき痛み、手のひらは焼けるように熱かった。タプンがまるで夜が明けたように意識を取り戻したとき、あたりはまだ真っ暗だった。いったい何につまずいたのだろう。気になって足元を確かめると、なんのことはない、ただの小さなごみの塊だった。

その晩、タプンは家に帰った後、くだんの小さなごみの塊がゆっくりと大きくなっていく夢を見た。

馬

齋藤優

あるところに一軒の家がありました。

山のふもとの、日あたりのいいところです。戸をあけた板のまはまた両がわにとびらがあり、みぎに母が、ひだりにはそのむすこ夫婦がねむっています。

「ねえ、なんのおと?」

と、まだ太陽のないあさ、二百度目のぎもんを彼女が訊くと、

「季節風だよ」と夫はこたえます。

山とむかいあわせに浜べがひろがり、きょうも海風は、よそ者によくないゆめをみさせるのでした。彼女たちはそこで、海のものをとり、山のものを集めてくらしていました。それでまずしくもないくらしができていましたから、ゆめくらいのことで泣きごとを吐くつもりは、もうとうありません。

「そう。おこしちゃってごめんなさい」

「いいんだよ」

「わたし、次こそはきっといいゆめをみるわ」

二年もするとこどもをさずかり、そのころには井戸と、とり小屋と、まあたらしいミシンとを手にいれていました。はたはたとペダルをふむ彼女のよこで、ちいさないのちは寝息をたてます。そのうえで、木のえだにつった赤いホオズキのがん具がゆれています。

「まったく、こんなことになるなんてね」と、義母は口ぐせのようにいいました。

「やせっぽちで、世間しらずで、家のこともまんぞくにできなかったのが、こんなにもりっぱな嫁になってくれるなんてね」

それはひにく屋である義母にとって、こころからの謝辞のことばであるらしいのでした。あたまをたれ、三本のゆびで糸をよりあわせながら、ちょうしはずれな義母のはなうたをきくのは、とても気分のいい午後でした。嫁いできたとき、彼女にはたいへんな針しごとと、おそうじと、三食のしたくがまかされました。ぬった物は、義母が山をこえて売りにでるのです。その年月がこころやすまるものだった、と思うことはできません。それでも、石女に肉をくわせてはならない。と、いう義母のもちだしてきたふるい掟さえ、いまではもっともらしいもののように思えるのでした。

「でも、退屈だわ」

「退屈?」

「ええそうよ。退屈になるのはしあわせな証拠なんだって、牧師さんのことば」

「ふうん」

と、夫はベッドのわきのガス燈をともし、ページをめくりながら爪をかんでいます。

「それでもあんまりきもちのいいものじゃないわね」

「かもしれないね」

「あなたは、この土地で、それこそうまれてそだってきたのよね」

「まあね」

「退屈にならない?」

「なるよ。すごくしあわせだからね」と夫はこたえました。

ある晩、義母はふとこんなことをもちかけました。

「このところひえるし、腰の調子もよくないし、こもりはあのこにまかせておいて、あしたは売りについてきてくれないかね?」

もちろん彼女はよろこびました。二年ものあいだ、山と浜べのあいだを彼女はいききしていましたから。日がのぼるよりはやくおき、食事のしたくをすませると、夫と娘にそっと口づけをし、彼女はにぶくろをかつぎました。麻のかたひもは毛羽立っていてかたく、未明の風とあいまってきもちいい。義母は腰をたたきながら、三歩さきの道を分けてあるいていきます。

「おかあさん?」

「なんだい」

「持たせてください。わたし、片手があいてますもの」と、ふろしきの方もうけおいました。

「ありがとうね。あなたも気をつけるんだよ。これからは、じぶんだけのからだ、という訳にはゆかないんだからね」義母はやさしい目をして茂みを分け、するとそこはせのたかい草のゆれている、広大な金色の原っぱでした。

「すごいわ」

見たことのない野原、昼の月。そこにぽっかりと開いていて、むらさき色の空は、彼女をまるごと剝いていくようにきれいです。

となり街は、うってかわって目をみはるほどにぎやかでした。もちろんたかい建物も、人目をひくような電気かざりもありませんでしたから、見るひとが見ればあきれてしまうのかもしれません。それでも長年、かたく、こわばった冬の実にも似て、ものしずかな朝を過ごしてきた彼女にとって、それは上等なワインのように華やかでみたされたものに思えるのでした。

「おかあさん?」

「なんだい」

「見ていてください。わたし、きっとぜんぶ売ってみせますから」

そこで彼女はししゅう入りのエプロンを売り、アップリケを売り、山の実やほした海そうやなにかを売ってしまうと、義母とその足でキャッフェにはいりました。キャッフェはひときわ、にんげんだけでなく、木いすやつくえや食器たちまでさわぎだして溢れんばかりです。

フランスパン、というものに手をふれたのも、そのときがはじめてのことでした。義母とふたりでパンをわけ、まっ黒いコーヒーをのんだあとで、義母はもうしわけなさそうにはなし始めました。麻の荷ぶくろはからっぽになり、かわりにてみやげのパンが、なかでカタコロとびまわっていました。

「かくすつもりはなかったのだ」と義母ははなしてくれました。

ただ、じぶんたちのくらしを、不憫と思ってはほしくなかったのだ、と。彼女はしずかにうなずいているだけでした。ステッキを持つしわがれた義母の手のあたりを、長いあいだじっと眺めていました。

その日以来、街にでるのは彼女のしごとになりました。

義母はいつまでもかくしゃくとしてはいるのですが、腰のいたむ日もふえたからです。彼女はたくさんの物を売りました。彼女はよき商売人として、となり街でちょっとした顔になったほどでした。若い女の物売りというのが、めずらしいこともあったでしょうか。彼女はすこしのぜいたくをがまんして、物を売りました。とりわけ売れた帰り道、かたいパンと、やかんにたっぷりのコーヒーをもらってくるほか、無駄づかいもしないで。しだいに家は裕福になりました。それでも退屈というやつは、雨をふくんだ二匹の羊たちのように、彼女のなかでやがて納まりきらないサイズになっていくのでした。

「きょうもたくさん買ってもらえたわ」

と夜、ふたりの布団でとなりあって、彼女ははなしました。

「みたいだね」

「エプロンを四枚も買ってくれた奥さんがいたの」

「そう？」

「彼女ったら、家政婦を四人雇うくらいなら、エプロンを四人分そろえたほうが、いくらも得だって」

「へえ」

「あとこんなおおきなお魚を、あなたが釣った、ひとみが銀のお魚よ。わかる？」

「わかるよ」

「今夜はひとりで食べられるって、言いはるおとこの子もいたわ。だから、六尾はいるんじゃないか、って。あまりにも気の毒だったから、竹ひごのおもちゃをサービスしちゃった。あなたがこしらえた、あの竹ひごのおもちゃよ」

「うん」とこたえ、夫はまたページをめくります。彼がよんでいるのは、きのうもあさっても同じ外国のミステリーで、ベッドではそれを開いていることにしているのです。

「ああ、物を売るのって、おもしろい。だっておもしろいように売れていくんだもの」

「そうだね」

「ねえ」と彼女は訊きました。

「なに？」

「それでもあなたは、退屈にならない？」

「ぼくが？　退屈に？」

「ええ、あなたが。退屈に」

「ならないよ。だってこんなにもしあわせなんだから」

と本をおき、彼はつよく抱きしめてくれました。やさしく、ことばはいらないというように、熱心に。でも、夫の腕のなかで一点を見つめながら、もしもそんなことで物事が解決すると思っているのだとすれば、それこそがまんがならないと、彼女は考えているのでした。


バスが通ります。

ときにはバスの運転手がはたをふります。

あちこちにがたのきたオンボロのバスは、土けむりによごれ、板金のつぎめから芽がでそうなほど、古色蒼然としています。山道をのぼるには年をとりすぎていましたから、日がな街のすみから逆のすみっこまでを、ひびわれたクラクションでもりあげていきます。

それでしっかりとふみかためられた道のはしにしき布をひき、その日も彼女はいつもどおり、きまった持ち場につきました。

そこからは茂みのむこうがわに糸杉が一本、春風になびいているのが見え、また日がくれかけてくると、うっすら道ぞいにキャッフェがにぎわうのを、見てとることもできました。

じょうぶな織り物、あおりんご。木苺のジャム、塩づけの山芋、とりわけじまんなのは、うろこのきらきらしたカマス。

山をへだてたとなり街ではくうきからちがって、ひととおり品物をならべてしまうと、彼女は深く息をすいこみました。本当にいろいろなにおいがするのです。かぐだけでおなかをみたすような、こうばしいにおい。家畜のにおい。ほこりっぽいにおい。女たちはながいスカートのさきをつきびとに持たせ、高価そうなにおいの尾をひいていきます。

なかでもはつらつとした少女は、屋台のおじさんに石をわたしてほほにキスをしてあげていました。そんな彼らの陽気さは、あたたかな水に藻がうかぶみたいに、するどい戦慄でむねのうちをそめます。

「なんどでもくり返すけど」と、生肌が焼けてしまうのもおそれずに、肩を炎天にさらした男はしつこくそういうのでした。

「ぼくは、君のことが欲しいんだよ」

「ええ」

「まさかうそだとは思っていないだろうね?」

「ええ」

「それ以上のことを、望んだりしないよ」

「ええ」

「ただ君を欲しいんだよ」

あまりにも熟されたオレンジにしずみ、記憶のなかの男の顔は、いつも半分以上がぬりつぶされていました。きっとあさも昼もはれすぎていたせいです。彼女はうつむき、ぎゅっとほっかむりを深くしました。さえぎられたなかで、気をおちつけて、彼のたくましい足のおやゆびの爪をながめていました。

「りんご、ひとつもらうね」

そういって彼は、むりやり手のひらにメダルをおき、あと一輪のチューリップの花ものこしていきました。彼は身にきざまれたことのように、いつでもそれを手に持っているのです。のこすのはそれだけではありません。風、焼いたケモノのような匂い。手の温度と、ひぐまのようにおおきなあしあと。くれたメダルは、ふしぎなほどにあたたまっていました。耳にしみついている声は、すりおろされた南国のフルーツのようにあまやかでした。正午すぎ、売り物はなにひとつのこっておらず、汗をふき、糸杉の木のかげにすわって、そこで彼女は、何度でもはじめてと思えるようなセックスをしました。虫がしずまり、昼の月が黄色くなるようなセックスです。あるいはそのまま、息ができなくなるような。

「わたしね」と彼女はその晩、布団のなかで夫にいいました。

「きょうもたくさん、物を売ったわ」

「そうみたいだね」

「それでね、きょうは三束も花かざりを買ったひとがいたのよ」

「そう？」

「そのひとはね、去年なくした荷車をひく馬のことばかり話すの。すこし前まであんなに元気だったのに、うしなうときはあっというまだって。生きている馬としんでいる馬の差はふたつだけで、もうなにも思わないのと、なにも必要としないことだけだって。だから剝製にした馬の首のあたまに、彼はかわるがわる花かざりをかざるの。せめて美しい思い出でいてもらうために」

「ふうん、それはすごいね」

「ねえ」

「なに？」

「きょうね、チーズとワインをくれたひとがいたの」

「へえ」

「ぜひこどもに、食べさせてあげてって。できたてのとても色のこいチーズなのよ。だから、あしたは売りに出るのをやめて、みんなで山にピクニックにいきましょうよ。おかあさんもさそって」

「いいね」

「わたし、用意しておく。きっと楽しくなるわ」

なまぬるい強風の吹く春の日で、義母がとてもうれしそうだったのを彼女はよくおぼえています。元来きわだって気丈なひとで、誰の手もとらずにさきをいきます。息をきらし、胸がつまりそうになっても、やすむことなく。行きさきはすぐのひらけた丘をえらびました。彼女は重い荷袋をとき、一面にそれをひろげました。娘はいち早く走りだします。刺さりそうにとがった芝生に素足ですわりこみ、義母はいつまでもほほえんでいます。

「ねえ、おかあさん？」

「なんだい」

「これ、なんだと思います？」と彼女は小包みをさしだしました。

「わたしにかい？」

「ええ、お世話になりっぱなしでしたもの」

「開けていいのかい？」

「もちろん」

「これ、あなたに」

「ぼくにも？」

びりびりと包み紙をひき破る夫にたいし、義母はそれすらも惜しそうに舌に指をつけ、するすると一枚ずつめくっていきました。つるりとした、上質の紙です。あなたには、これね。

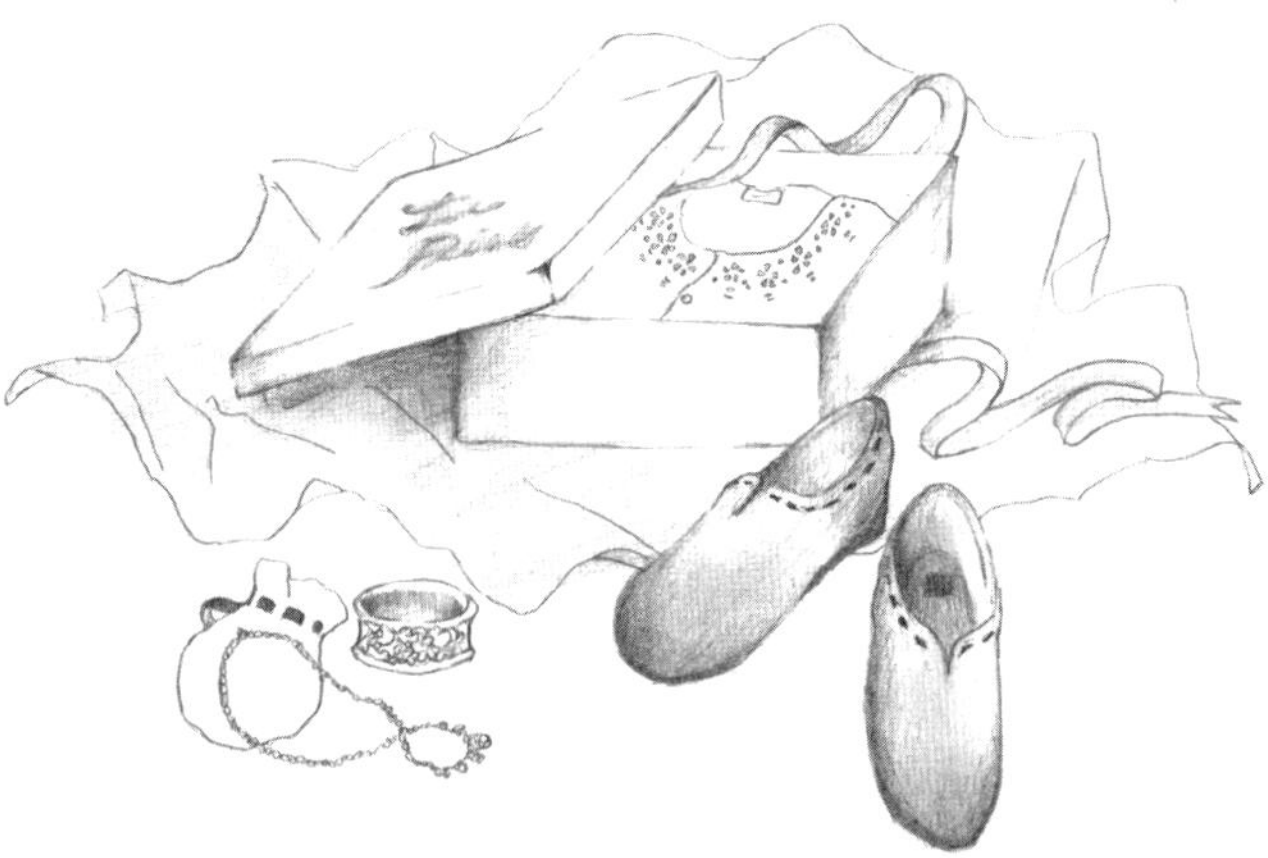

と、娘にはひときわおおきなプレゼント箱を渡しました。はなの穴をおおきくふくらませ、不器用に爪でとっかかりを探していました。
ひとつ目はじょうぶそうな牛皮のズック靴でした。ま冬でもしもやけを作らないように。ふたつ目はバナナ色のとてもかわいらしいドレス・ワンピースです。おなかのところには、羊毛の腰紐がくくられています。ああ、わたしの愛らしい娘、これ以上おおきくなったらだめよ？　そうしてさいごが、花を模した銀細工のバングルとネックレスでした。ごめんなさい。勝手にこんなものを用意して。いつまでもきれいで、元気なままで。ひとつずつと目をかわしあうと、六つのどの目も、よろこぶというよりはおどろいていました。海辺のくらしには似つかわしくない、あまりにも美しい代物でしたから。それでも時間をかけてりかいをし、やがて四人は食事にしました。つやつやのお米、新鮮で熱をひめたお野菜の数々。酢づけにしたニシン、血をしたたらせたローストビーフと、パン、やさしくて芳じゅんな赤ワインに、できたてのチーズ。誰にとっても、そんなに食べたのははじめての経験でした。もう一歩もうごけない、というところまで胃袋におさめると、四人は手であお空をふさぎながら、お昼寝をしました。夕ごはんの時刻にやっと家に帰りつき、それからまた泥のようなねむりにつきました。その夜のことを、誰ひ

とりとしておぼえてはいません。めいっぱい食べるというのは、なるほどたいへんに体力を用いるものらしいのでした。

「それはよかったよ」
「ええ」
「ぼくは本気で言っているんだよ?」
「ええ」
「あんまり遅くなるといけないね」
「ええ」
「ぼくは、この世界のなによりも君のことを愛しているよ」

と男がささやけば、夕方はゆがみ赤とみどり色の中間色にとおく落ちくぼんでいきました。あのときにはじまって、日ごと遅くなっていく彼女の帰りを、家族はどう考えていたでしょうか。そんなことを思いながら、ひと気がおさまり、ゆいいつ明かりをともしているキャッフェの裏路地で、ふたりは息をひそめています。

商売道具のしき布と、その日に売りあげたものの対価は、夜がふけるまで店のご主人にあずかってもらうようになりました。ご主人は年中ビール顔をした調子のいいおとこなのでしたが、ふるくからの商売人らしく物わかりがいいのです。

男は裕福な牛飼いの家のむすこでした。一度丘のうえから眺めたのでしたが、それはそれは立派な、百頭がやすむ牛舎をちっぽけにみせるほど、どこまでも広大な牧草地を有していました。彼の皮膚がよくなめされたケモノの皮を思わせるのは、きっと肉を食べて育ったからです。たぶん骨がふといのは、水よりも牛乳を飲むからでしょう。ひとみが深くなんでも物語るのは、あまりにもしょうじきに生きてきたからに違いありませんでした。彼はまるで惜しげなくことばを使いました。ここがぼくたちの果てだよ。もうどこに行く必要もないんだよ、と。ですがそんなことばたちは、彼女にとって物の数ではなく、この場合、相手にことばが多かろうが、少なかろうが、それとも彼がすかんぴんであろうが、ひざの曲がった中風《ちゅうぶ》病みであろうが、ツノの生えた山猫だろうが、貧相でおやゆびよりも背が低かろうが、問題ではないのです。ただ恐ろしくてしかたありませんでした。すでに後戻りができないことだけが、彼女にはよくわかっていました。

さびれた時計屋も、肉屋も、ブティックもお花を売りあるく屋台ぐるまもならんだ道で戸をしめて、しだいに虫たちの時刻は降りかかってきます。

そして彼女は爪をたててしがみつき、ショパン弾きが黄色さをもらすキャッフェのよごれたごみ箱のうえで、いやに星の多い空を見ながら尽き果てました。するとそのとき、大きなカラスが芳しい男の肩にとまり、ことばをしゃべり始めたのでした。

「まんぞくか?」

「ええ、それなりには」

「そうか」とカラスはくちばしを閉じます。ぐねぐねに折れ曲がった、針金のような声。

ふしぎと反応のない彼のあたまを、トントンっとはねて、それからとがったくちばしの先端を彼女の方に近づけました。

「なんなの?」

「お礼さ。この男をぼくにくれた」

開いたところから落ちてきたのは、皺くれてかわいた木の玉でした。

「種子だよ」とまっ黒なカラスはいいました。

「タネ?」

「どこにでも好きなところにまくといい。できれば目立たないところに。日当たりはなくて構わない。水も風通しがわるくても構わない」

「彼を連れていってしまうつもり?」

「ああ」「問題があるかね」

彼女はすこしのあいだ間をおいて、

「いいわ」とこたえました。

退屈というのはつまらないもので、あればものたりなく思うのですが、なければないでものたりないようにも思えるものです。ですが彼女は考えて、こう思うことにしました。

甘美なものほどたやすく生きるのをさまたげるのだと。

その日の売りあげをポケットにつっこみ、風に逆らってひと晩もあるけば、そこは名前を持たない未開の地でした。姿の見えないことりたちの声が方々でひびき、角のないシカが、食べられる木の実をはなさきでさぐっていました。その土をほじくってタネを埋め、あとの季節を彼女はさすらってやり過ごしました。霜がおり、雪がなくなるより早く春がきました。雨が降り、太陽が重く近づいてきました。それとおぼしき背の低い木に、たいした作物は実りませんでしたが、かわりにその木の根もとのあたりが、やがて石コロだらけになっていました。他では見たことのないような、鈍くかがやくとくべつな石でした。


とくにうれしくもなさそうにほほ笑んで、二十九人のこどもたちがかこむベッドのうえで、彼女が息をひきとったのは、それから三十年ほど経った六月のとある昼さがりのことです。過去を振りかえるのは性分でありませんが、そのときに愛した七、八人の旦那たちの顔を、思いだしたのはここに書くまでもないことでしょう。

「聡明なひとでした」と長男がいい、

「誰よりも、彼女は思いやりのあるひとでした」いつか牧場を継ぐことになる指さきのきれいなひい孫の、もらしたそのことばを聞いたとき、たしかに彼女はこと切れていました。が、きゅっとまた口もとをひきしめ、奇跡のようにひと筋のなみだを流したのに、彼女の意思のつよいことはあらわれています。

「わたしだけのママじゃないから」

と、気丈にはなす八歳になったばかりの女の子の手には、バナナ色のネッカチーフがにぎられていました。

「おかあさんとは呼んであげられなかったのが、心のこりで」

彼女が半生をいきたその牧場とは、あのときの牛飼いがいた牧場のことです。手持ちの石をお金にしてしまったあと、彼女はくるまでその土地にもどりました。海辺の小屋はすでに見るかげもなく荒れ果てており、風になびくさびしい春の牧草地は、二束三文で売りにだされていました。伝染病が街をほろぼし、またその恐ろしいウィルスは、牛たちを病根としていたのでした。そこを買いあげ、彼女は作物を育てました。もともとの経営を放棄してしまい、のこった牛は裏山で燃やしました。鳥たちは野に放し、馬は断首して肉に変えました。そうしてたくさんの石を売り、彼女は土地をおよそ八十倍のおおきさにふくらましたのでした。

その土地で、彼女はたくさんのこどもをうみました。こどもたちと、またそのこどもたちをうみました。二人ずつ、ときには三人ずつも子をうみました。死の間ぎわ、彼女はしあわせに周囲をかこまれていましたが、どこまでも遠大なその敷地には、表にでてこられないようなこどもたちも大勢いました。彼女はその子らに芸術を学ばせました。やしきは色鮮やかな絵と文学と蓄音機とで、ぜいたくに満ちています。

「もっとも重要なのは、恋としごとです」やっと泣きやんだ女の子はそういって、はっしと顔をあげ、またことばをさがしました。

「彼女はそのことを教えてくれました。だとすれば、わたしたちは、きっとそれらを運んでいく宿主くらいのものに過ぎないんでしょう」

その日は晴れて夕方のない、明るい一日でした。かべをこわして外に彼女の棺を持ちだすと、小高い丘のてっぺんでこどもたちが肉を焼き始めます。

星がうすれた夜の空につつみかくされ、飲みすぎたおとこは、そこらで寝息をたてていました。女たちのにぎやかなのが、背の高い火に照らされていてとおく彼女の耳につきました。それと飲みたらないひとたちをのこし、かわいい我が子の手をひいて、ベッドに戻っていく母の子守り歌も。棺おけのふたはずらされており、オリオン座を保つあのキラ星は、いまにも落ちそうでいてなかなか落ちていかない。枝のすきまをすべり抜ける風をほほに浴び、体温は冷たさをましながらも、彼女はまだすこし、そんな物思いにふけっていました。

「これでよかったの？」と、そうしてむねのうちで彼女が訊くと、当然のようにカラスは目の前の木の枝にとまります。

「ああ」「問題があるかね？」

「いいえ。でもいくらなんでも、くだらない終わり方だわ」

「それで構わないよ。結末はつまらなくて構わない」

「ふうん」

「ところで」と、彼女はもう一度訊きました。

「あのひとはどうなったの？」

「誰？」

「さいしょの夫、それに娘はどこへ行ったの？」

「さあね」

「おかあさんはきっと死んでしまった？」

「おそらくは」

「あの街にいた人々も、もう誰も生きてはいないのでしょうね」

どうして教えてくれないんだろう。そう彼女がいぶかしんだのも、とおい過去のできことでした。知っていたところでどうしようもないので、カラスはなにひとつ教えないのです。

すべすべした黒いあたまは夜気につっぷりとぬれているみたいで、いやがる彼をさしおいて、たびたびなでさせてもらったことも、すでにとおい過去のことです。

「ねえ」

「なに？」

「ふたを閉じてくれる？」

「いいのかい」

「ええ、これで十分。もうたくさんよ」

くらくも明るくもならないその内側で、そして彼女はひっそりとほほ笑みました。気丈なひとみで前を見て、棺おけの男が舟にのり、意識を持って、何世紀ものあいだ波に流されていくという、我が子が読み聞かせてくれたお話を、すんぶんもたがえず思いうかべながら。ああわたしの、素晴らしいこどもたち。その思いもいずれはうすくなって、雑音をまじえ、しだいによわくちぎれていくと、さいごには消えてしまうのでしたが。

あとには風のおとだけが、ごうごうと耳のなかを渦巻いています。

11 窓のない部屋から

石井千湖

会社を辞めて自由業になる前に、しばらく不動産屋で働いていたことがある。物件の情報を集めてサイトに掲載するのが主な仕事だった。そのとき建築基準法においては、窓のない部屋は居室と見なされないと知った。リビング・ダイニング・キッチンの他に三つ部屋があったとしても、一部屋が無窓の場合は、2LDK+S（納戸）という表記になる。

Sは使いみちが限られるおまけのような空間だけれども、わたしにとっては悪くない。ドア以外の壁面に棚が置けるし、書籍が日焼けするおそれもないから。カビが生えない程度に換気はしたいが、閉ざされた場所は落ち着く。

近ごろ使い始めた仕事場が、まさにそういう空間なのだ。窓がない、約二畳の部屋。特に日光をあてたくない古本を入れる扉付きの書棚を置いた。狭いのであまり多くの本を収納できないのは残念だが気に入っている。

同じ大きさの部屋が七つくらい並んでいたらもっといい。もし自宅にそういう部屋があったら、幻想の部屋、怪奇の部屋、個人全集の部屋、猫の部屋……という感じでテーマごとに蔵書を分けて、七部屋を移動しながら一週間過ごす。そこに窓がないとなると、乙一の「SEVEN ROOMS」（集英社文庫『ZOO』収録）みたいに恐ろしい怪物が出てきそうだけれども。引きこもりがちで、なおかつ飽きっぽい自分にぴったりだと思う。巨大な書庫があるより、読みたい本はすぐ見つかるのではないか。

それぞれの部屋の壁紙や家具を考えるのも楽しいだろ

う。「コーネルの箱」のイメージだ。一九〇三年アメリカ生まれのジョセフ・コーネルは、マディソン・スクエアにある織物会社に勤めながら蒐集したアイテムをコラージュして、小さな箱のなかにユートピアを創った。ああいう感じで、わたしも好きな本と物を集めた箱を作りたい。で、できるだけ外には出たくない。

　夢の部屋についてあれこれ思いを巡らせてしまうのは、ここ一年くらい佐藤春夫の本を読んでいるからだろう。春夫は「秋刀魚の歌」で知られる詩人にして小説家。たまたま興味を持って調べてみたら、ものすごく面白かったのだ。作品はもちろん、残された文章から想像する人となりが。蔵の中で読書三昧、一生働かず過ごしたのに恋愛結婚して議員にも立候補した定やん（水木しげるの親戚）という人を思い出した。怠け者の冒険家というか、わがままに生きて幸せになった人というか。

　和歌山県新宮市にある佐藤春夫記念館にも行った。記念館の建物は、東京の目白にあった旧宅を移築したもの。

小ぢんまりして可愛らしい洋館だ。春夫は狭い部屋を好んだらしく、八角塔の書斎も二畳ほどのサイズ。窓はあるが。

自らアイデアを出して理想の家を建てたあとも空想の部屋を創った。例えば、江戸川乱歩と城昌幸との鼎談「樽の中に住む話」(平凡社ライブラリー『怪談入門』収録)。乱歩が探偵小説の話をふっても反応は薄かったのに、酒樽の中に住む計画に話題が移った途端、春夫は生き生きと語りだす。酒樽の大きさ、設置場所、どうやって生活するか、入れたくない客の断り方など、ディテールを詰めていくくだりが最高。実現できなくてもいい。こんなふうに空想すること自体を喜びに変えられるなら。〈精々手のかからぬ方法で暮らしてみたら面白いと思うのです。世界を狭くし生活を単純化し貝がらみたいにそれを残して死にたい〉という言葉も印象深い。

狭いながら解放感のある世界。いつかわたしもたどりつきたい。本と一緒に。

気になる三冊　石井千湖　―佐藤春夫の３冊―

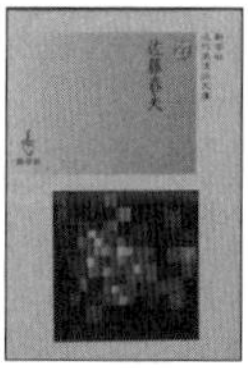

佐藤春夫
『佐藤春夫　近代浪漫派文庫』　新学社

「西班牙犬の家」や「のんしやらん記録」などの短編小説と詩の代表作が入っています。はじめの一冊として最適。

佐藤春夫
『たそがれの人間』　平凡社ライブラリー

芥川龍之介や谷崎潤一郎など交友のあった文豪の話が面白い怪談集。

佐藤春夫
『田園の憂鬱』　新潮文庫

言わずと知れた代表作。自らの芸術に行き詰まり田舎に引っ込んだ青年の幻視する風景が圧巻。

12 ドロナワ古本コレクター

北原尚彦

子どもの頃から本が好きだった。

親から聞いた話だけれども、わたしが一歳の時に引越しがあり、作業中に「ナオヒコがいない！」となり、探し回ったらダンボール箱の陰で絵本を読んでいたという。またおぶわれている時も親の頭に本を立てかけて読んでいて「逆二宮金次郎だ」と言われたらしい。

もう少し大きくなっても、外で遊ぶよりも家で本を読んでいる方が好きだった。ピエール・プロブストの絵本《カロリーヌ》シリーズが大好きで、繰り返し繰り返し読んでいたのを覚えている。

小学校高学年でポプラ社の江戸川乱歩《少年探偵》シリーズに夢中になり、同じ版元のホームズとルパンを少しかじった。中学からの電車通学で文庫本を読むようになり、コナン・ドイルや筒井康隆にハマった。作者だけでなくジャンルで好みの本を探すことを覚え、中学二年でミステリを、中学三年でＳＦを読むようになる。最初に古本屋へ行ったのは〈ミステリマガジン〉のバックナンバーを探すためだった。ミステリやＳＦのベストテンを眺めるうちに、新刊書店にはない〝絶版本〟の存在に気がつき、それらも古本屋で探すようになり――そして現在に至る。

新刊を買う一方で、手に入らない絶版本は古本屋で買っていただけで、特にコレクターになるつもりはなかった。現在の蔵書はおそらく二万冊ちょっとぐらいだと思われるが、同世代のＳＦファンやミステリファンならば、古書マニアでなくてもそれぐらい持っている人はざらにいる。叢書のコンプリートにはあまりこだわらないし、〝古本好き〟なだけでコレクターではないと思っていた——途中までは。

一九九三年から〈本の雑誌〉で古本エッセイを連載するようになり、「毎回SFかミステリというのもなあ」と、購入する古本の範囲が一気に拡がった。ドロナワの極みである。

古典SFについても、読むのは好きだったけれども、以前はそんなに本を持っていなかった。だが一九九九年に日本古典SF研究会の会長になってしまい、「会長なのにあまり明治・大正期の本を持ってないのもなあ」と、機会があれば蒐集するようになった。これまたドロナワだ。

シャーロック・ホームズについては、パロディ／パスティーシュ好きで、あくまで「読むために」集めていた。別ヴァージョンなども、あまり気にしていなかった。それがパロディ以外にも

手を伸ばし、古い翻訳も集め、版違いを気にするようになったのは、一九九九年に『シャーロック・ホームズ秘宝館』というマニアックなホームズ本を紹介する本を書いて「もうちょっと色々な本を集めた方が面白いかなあ」と思ってからだった。……やっぱりドロナワだ。
「自分はコレクターじゃないです」と言うと、周囲から「何言ってるんですか！　そんなわけないでしょ！」と責

められるし、版違いなども気になってきているしで、最近ではさすがに古本コレクターであることは否定しない。しかし本人的には、ドロナワ、ドロナワでここまで来てしまった感があるのだ。先述したきっかけを鑑みるに、現在に至ったターニング・ポイントは、一九九〇年代にあったようだ。傍から見れば、そのとき既にわたしは「マニアックな人」だったかもしれないけれど。

一時期は神田の古書即売会へ毎週、それもアサイチで通っていた。行けないと「何か自分の欲しい本が売っていたかもしれない」という強迫観念にかられるほどだったものの、その段階は脱した。今では、週末に都心へ出る用事があれば、ついでに寄る程度。強迫観念時代は、即売会へ行ったからには何かしら買わずにはおれなかったが、今では手ぶらで会場を出ることもできるようになった。

蔵書量も、これ以上増やすと自分で把握しきれなくなるので、なるべく買った冊数と同様の冊数を手放すようにしている。「自分しか持っていない」ような本を残すから、蔵書の「マニアックさ」はどんどん濃縮されているような気がする。古本巫蠱《ふこ》の術だなあ、と思う今日このごろである。

気になる三冊　北原尚彦　—わたしを形成した３冊—

横田順彌
『日本ＳＦこてん古典』全三巻　早川書房→集英社文庫

わたしを古書の道へ、古典ＳＦの道へと引きずり込んだ本。その語り口の面白さ、紹介されている作品の奇想天外さに、夢中になった。初めて読んだ頃は、後に自分が日本古典ＳＦ研究会の会長になろうなどとは思いもしなかった。

エラリイ・クイーン
『恐怖の研究』　ハヤカワ・ポケット・ミステリ→ハヤカワ・ミステリ文庫

アーサー・コナン・ドイルのシャーロック・ホームズ物が九冊しかないことに愕然とした後に「あれっ。他の作家が書いたホームズ物もあるの？」とパスティーシュやパロディの存在に気がついた。切り裂きジャックとの対決、しかもクイーン作ということもあって、ごく初期に読んだのが本書（実は大半は他人の筆と知るのは、ずっと後の話）。映画のノヴェライズなのだが、映画は日本未公開。ソフト出してほしい。

萩尾望都
『11 人いる！』　小学館文庫

中学生の時、たまたま手にとって読み、あまりの面白さにびっくりした。あとがきで作者がＳＦにハマったきっかけとしてアイザック・アシモフ『宇宙気流』が挙げられており、「こんなに面白い話を作る人が面白いというんだから、絶対に面白いに違いない」と『宇宙気流』を読み、わたしもＳＦにハマった。

地下鉄クエスト

大田陵史

　胃からこみ上げるツンとした酸味のある空気を吐き出して目覚めると、辺りは暗闇だった。いや、正確に言えば、暗闇ではなく、暗い空間だった。微かに見える視界と体勢から、右半身を下にして、左腕は重力に逆らい、しっかりと鞄を抱きかかえて、寝ていることがわかった。上体を起こそうと、身体をひねってみたが、激しい頭痛で思わず呻き声が漏れ、鞄を地面に落としてしまった。鞄が地面に落ちた音で、何かが確実に割れたことと、身体と地面の距離がそれほど離れていないことがわかった。深く息を吸い込み、それからゆっくり吐きながら、上体を起こし、膝を曲げて足を地面におろした。座面は適度に凹み、手で触ってみると表面は滑らかで、力を入れると少ししなる。どうやら、プラスチック製のベンチの上で寝ていたらしい。

　目を凝らして辺りを見渡すと、遠くに淡い光が見えて、その光はゆっくりと明滅していた。その方向を見ていると、そこにいる人の影が徐々に確認できるようになった。

「井上さん起きたんですね」女性の声が聞こえた。その人影はゆっくりと僕の方に近づいてきた。顔はよく見えない。

「もう三時になりますよ」僕が黙っていると、彼女は言った。

「もしかして、井上さん、寝ぼけてます?」

「そうなるかも」僕は声に出した。その瞬間、うっと叫んでしまった。頭痛が激しくなった。

「大丈夫ですか？　これ水です」彼女はペットボトルの水を差し出した。僕はそれを一気に飲み干した。

「ごめん。飲み干しちゃった」僕は言った。

「いいです、いいです。あそこに確か自販機あるんで、買ってきますね」彼女はそう言うと立ち上がり、暗闇の中を歩いて行った。しばらくすると、遠くで自販機の筐体が明るく光り、彼女の全身を照らした。彼女の横顔をはっきりと視認できたが、僕にはまだ、彼女が誰だかわからなかった。ペットボトル二本を手に持ち戻ってきた彼女に事情を説明した。


「覚えてないですか？」彼女は言った。「あんなに楽しそうだったのに。確かに酩酊はしてましたけど。今日は会社の新人歓迎会だったじゃないですか？　そこも覚えていないですか？」

「悪いけど、全く覚えていないようだ」僕は言った。

「社長にあんなこと言ったのに？」

「そう、みたいなんだ」

彼女はため息をついた。「じゃあ、いつまでなら覚えていますか？　例えば今朝のこととか？」

僕は今朝のことを思い出そうとした。

今朝のこと。今朝のこと。今朝のこと？

「え？　まさか覚えていない？」

「いや、覚えているよ。粗大ごみ出し忘れたのを思い出したんだ」

「それはどうでもいいです」

「いや、どうでもよくない。僕の家の区では粗大ごみを出すときには予約をして、専用の業者に頼まないといけなくてね。先月も予約したのに忘れたんだ。そしたら、電話がかかってきて、井上さんのお電話ですか、今、マンションのごみ集積所にいるんですが、粗大ごみが見当たらないんですけどってね。僕はすっかり忘れていたからビックリしてさ」

「むしろ、ビックリはその業者の方でしょうね」

「そうなんだけどさ。この話を続けてもいい？」

「いいえ、けっこうです」と彼女はあっさりと言った。


「では、井上さん、ここがどこだかわかります？」彼女は言った。そのとき、彼女の顔をはっきり見ることができた。そして、ようやく彼女の名前を思い出した。

「ごめん。まったくわからない。本当に覚えていないようなんだ」

彼女はため息をつきながら、ケータイのライトをつけて、前方を照らした。光の先には白いのっぺりとした柵と、その向こうに「日比谷」と大きく書かれた標識が見えた。そして、その標識の記号により、僕は三田線の日比谷駅にいることがわかった。

彼女の名前は佐藤なぎさ。間違いない。

「さっきから何やってるの?」僕は彼女に訊いた。「ケータイをずっとみているけれど」

「いや電波がないんで、Ｗｉ－Ｆｉが飛んでないかなと思って探してみたんですが、あ、あった。けど、認証ロックがかかってますね」彼女は僕にケータイの画面を見せながら言った。僕はその無機質な白い光がまぶしすぎて目を細めた。その光を見るだけで頭痛がひどくなる。

「東京メトロの回線は生きていそうだけどな」

「それは使えるんですけど、メールアドレスとか登録するとかめんどくさいじゃないですか。それに時間の制限があるし」

「そんなに長く使う用事でもあるのか?」

「そういうわけでもないですが、彼氏にメールしようかなと」

僕は自分のケータイを差し出し、暗証番号を解いてから彼女に渡した。

「使っていいよ。ちゃんと東京メトロのＷｉ－Ｆｉには登録してあるから」と僕は言った。

「ありがとうございます」彼女は言った。「でも、大丈夫です」

僕も、Ｗｉ－Ｆｉアクセスポイントを探してみたが、本当にアクセスポイントが見当たらなかった。唯一「ＳＯＳ大東京探検隊」というネットワーク名を見つけることができたが、電波が弱くアイコンが点滅していて、さらに鍵がかかっていた。

「入社して早々、厄介なことになったよね」と僕は役に立たないケータイを仕舞いながら言った。

「そうですね。でも私、こういうことの経験はありますから」

「こういうことって? 地下鉄の駅に閉じ込められたことがあるということ?」

「そうです」と彼女ははっきりとそう答えた。「大学にいた頃にサークルの飲み会で飲み過ぎちゃって、何度かあります。一人の時もあったし、複数人の時もありました。でも決まってそういう時は朝まで寝てしまっていて、駅員に起こされたこともあります。私もさっき起きたばかりで――」

「今夜、駅員はいなかった?」僕は彼女の話を遮って訊いた。

「井上さん、覚えていないんですか?」と彼女は言った。「井上さんがこの駅で降りようと言ったんですよ。誰もいない皇居前を一緒に歩こうって。でも、井上さんが電車降りてすぐに駅のベンチに座って、ちょっと休もうとか言い出して、座った瞬間にはもう寝ていました。私も隣に座っていたのですが、終電まで少し時間があったので、井上さんをそっとしておこうと思ったんです。終電が来たら井上さんを起こして、一緒に終電に乗ろうって。でも、私までいつのまにか寝てしまいました」

「すまない。全く覚えていない。僕の家は日比谷から結構歩くと思うのだけれど」

彼女はケータイの画面をまだスクロールしていた。

「彼に連絡しないと怒られるんですよ」

「彼氏は何をしている人？」僕はたいして興味がないことを訊いた。

「大学の研究員、いわゆるポスドクをしています」彼女はケータイを触りながら答えた。「私も同じ大学で、つい最近まで同僚のようなものでした。彼は研究室に配属されて、大学から給料をもらえるようになりましたが、私は大学院まで進んでも、論文がなかなか認められなくて」

彼女はケータイの画面を消したり点けたりを繰り返していた。カチカチカチ。

「それで研究職の道は諦めて、就職活動をして、この会社に入社しました。博士課程にも一年いたので、新卒で入社しても今年で二十六歳です。同期がみんな年下ですよ。話題もあわなくて大変で」

彼女は、ケータイの画面を消した。

「そういえば、山田って知ってます？」ケータイの画面をつけ、彼女は言った。「写真見ればわかると思うんですけど、えっと。この子です。真ん中のメガネかけた男の子。覚えています？」

「うーん」僕はケータイの明るさで頭痛が誘発されることに辟易してきたのでこう答えた。「あ、覚えている。うん、覚えているよ」

そして、僕は彼女のケータイから視線を外し、自分のケータイを取り出して確認したが、圏外という文字を認めただけだった。時間は午前三時十五分だった。メールが一通来ていたけれど、僕は開かずにケータイをズボンのポケットにしまった。この時間に来ているメールは出会い系とか、ろくでもない迷惑メールにきまっている。

彼女はケータイを触っていた。

「僕も修士号はもっているよ」彼女がケータイで撮った写真をまた見せる気なのかもしれないので、僕は話題を変えた。「僕の場合、大学入る前に二浪して、在学中は一年休学していたから、この会社に入った時は、二十七歳だった」

彼女は僕の顔をじっと見つめていた。暗闇だったので、顔の輪郭と目の動きが見えるわけではないが、視線だけは濃厚に重く感じられた。

「そういえば、佐藤さんの家は会社から近いんだっけ？」僕はまだケータイを触っている彼女の横顔に訊いた。

「巣鴨ですよ。井上さんと同じですよ」彼女はケータイを見ながら答えた。ふっ。

それも聞いていたことなのだろうが、僕には思い出せなかった。日比谷からだとかなり歩くことになるだろう。

「一時間ぐらいかかるな。いや、もっと？　なぜここで降りたんだろう？」

「知りませんよ。そんなの」彼女は答えた。ふっ。ふふっ。ははっ。

彼女はとうとう声に出して笑いだした。その笑い声がホームに響き、僕の頭にも響いた。

「これ、こ、これ」彼女は震えながら、ケータイを差し出しその写真を見せた。

写真にはさっきの山田という青年と我々の会社社長のツーショットだった。僕が無反応でいると彼女は気づきもう一枚の写真を画面に出した。はじめ何が写っているのかわからなかったが、写っている像が何なのかわかった瞬間に叫ぶように笑っていた。自分の笑い声が頭に響き、頭の痛みで視界に閃光が走った。その痛みで光が見えていたと思っていたら、光はホームの柵からちらっちらっと動いていた。リズムよく。

「なにか光ってないか？　線路の方」僕はまだ笑いに震えている彼女の肩越しに指をさした。彼女は振り向いて、僕が指した方向を見た。そこには、ゆっくりと上下に揺れている光の筋があった。

「都営地下鉄の点検とかかな」と彼女は光を見つめながら言った。

僕らは、その光を見ながら、ホームを横切り線路側に近づいた。ホームには落下防止のための白いつるりとした柵があったので、その柵に肘を乗せて、三つの光が近づくのを見ていた。やがて足音もはっきりと聞こえてきて、微かだが、話し声も聞こえるようになった。


僕らのいるホームの真下に来た時に、彼らの姿がしっかりと確認できた。先頭の男は、黄色い工事用のヘルメットをかぶり、光量の多い無骨なヘッドライトをつけ、左手には赤い旗を持っていた。赤い旗には反射地でＳＯＳと書かれていた。そして、その後ろには同じくヘルメットをかぶった二人が線路を歩いていた。

「こんばんは！」先頭のヘルメットをかぶった男は大きく言った。

線路から僕らを見上げる時にヘルメットを、旗を持つ手で持ち上げたので、旗の柄がヘルメットに当たり、カツっと乾いた音が響いた。ヘルメットの間から綺麗な金髪がこの暗闇でも見えた。

「どうやら、閉じ込められたようです」と僕は答えた。なぎさは黙っている。

「そうですか。この時期多いんですよね」金髪の男は言った。二人後ろの二人は、一人は男性で、もう一人は女性だった。二人とも、僕と同じくらいの年齢に見えた。

男性の方は、背が僕より低く、猫背で太っていた。自分の身体とおなじくらい大きなリュックを背負いながら、こちらに興味がないのか、ケータイをずっと触っている。彼のケータイの明かりと、彼のヘッドライトが一番光量が多く、ケータイの画面を見る姿勢でうつむくと地面に光が反射して三人の姿がよく見えた。

女性の方はスーツをタイトに着こなしていて、姿勢もよくプロポーションが雑誌のモデル並みに良いことを暗い中でも確認できた。ヘルメットをゆるめにかぶり、両手は身体の前で組まれて、僕らの方をきつく睨んでいた。

金髪の男は淡いグレーのスーツに青いネクタイをあわせていた。オートクチュールもののようで、ジャケットは彼のどんな動きにも対応できるように、すらりとした長い腕にピタリと寄り添っていた。両手には、タクシーの運転手が装着しているあの白い手袋をしていた。

「彼らも三田駅からこちらに来ました」金髪の男はそう言って二人を旗で指した。「三田駅では五人残っていたのですが、一人は爆睡中で、もう一人は私達とは反対方向に歩いていきました」

「何をしているんですか?」なぎさは訊いた。僕が一番聞きたかったことだ。「どうみても地下鉄の作業員には見えないんですけど」

「送別ですよ」金髪の彼は言った。「二人を途中まで送り届けるために、三田から歩いています。といっても、私は、目黒からこの路線を歩いていますが」

「どうです? 一緒に歩きませんか?」彼は重そうな高級腕時計を確認した。「始発まで、あと一時間はあります。今日は神保町までが限界かと思いますが、帰る方向が同じようだったら行ける所まで行きましょうよ。どうせもう寝れないでしょう?」

そう言われて、眠気も頭痛も吐き気もすべて収まっていることに気づいた。

僕がもたもたホームの柵をよじ登っている間に、なぎさは音もなく線路に降りていた。白い柵から飛び降りるとかなりの高さになるが、彼女はヒールのある靴で綺麗に着地し、僕を見上げ、僕の荷物を投げるように仕草で示した。

僕はなぎさに鞄を託し、白い柵を乗り越え、ホームの端につかまりながら、ゆっくりと無様に降りた。必死に捕まっていた両手にはまだコンクリートの感触が残り、線路の上は金属の匂いと地下の湿った空気の匂いがした。

「ようこそ、SOS大東京探検隊へ」金髪の彼は言った。

「冗談でしょう?」僕はなぎさから鞄を受け取りながら、彼に言った。彼は旗のSOSという文字を指さし、満足気に頷いていた。


ヘルメットを被っている他の二人はそれぞれ左胸に手のひらサイズのネームプレートを付けていた。そして、女性は吉田葉子、男性は水谷柿とMSゴシックで書かれていた。

金髪の男は「ヘルメットはもうないのですが」と言いながら、なぎさと僕にもその手のひらサイズのネームプレートを手渡した。手にすると想像していたよりも重く、冷たかった。すでに僕の名前が印刷され、ネームプレートの余白には赤い判で小さなウサギが押されていた。なぎさが「かわいい」とつぶやき、左胸にそのネームプレートをつけると同時に、金髪の男が行きましょうと、旗を右手に掲げながら、日比谷から大手町方面へ歩きはじめた。四人が一斉に歩き始めたので、僕は暗くなった手もとで、ネームプレートを慌ててつけて、右手の親指にネームプレートの針を指してしまった。なぎさは僕の隣で「これ、かわいくないですか?」と嬉しそうだった。


僕らが、金髪の男の横を歩いていると、金髪の男は自分の仕事について話し始めた。

「この仕事は週三日のアルバイトなんです。昼間は中目黒の中小企業を中心に物件を仲介している不動産業を生業としているのですが、この仕事は、ある時お客さんに紹介されました。個人事業主であるし、時間に余裕があるし、そして、昔から睡眠時間が短いんです。体力にも自信はあったし。でも、はじめてみると、この仕事もシビアでした。というのも、結構人気がありまして、人材には困らないので、シフトも自由度が高い代わりに、他の人のことも考えると、週三ぐらいが限度なんです。お金を稼ぐことだけを考えると、そこまでよくありませんし、専業で続けている人はいないでしょうね。さらに、成績が悪いとすぐにクビになってしまうんですよね。私の同期もどんどんいなくなりました」

「その成績っていうのはなんですか?」なぎさは訊いた。

「成績というのは、この送別に参加する人数です。そして、目的地まで安全に送ることです。多ければ多いほど良い。あ、こんな暗い場所で人数なんて確認できないとお思いでしょう? そうでもないんです。最近の地下鉄には各ホームに暗視カメラも設置されていますし、深夜の地下鉄構内にいるのは、我々だけではありません。地下鉄のここは都営三田線ですが、都営のスタッフが線路の点検やら工事やらで、あちこち徘徊しています。なので、ズルもできません。あ、そういえば、今の地下鉄の車両にはホーム側にスピードカメラが付いているのをご存知ですか？」

「知らないな」僕は答えた。

「あまり知られていないからですね」彼は言った。「スピードカメラはホームに入ると作動するようにセットされ、ホームの人に上手くピントがあうように調節されています。一秒間数千コマを撮影できるので、誰がどの駅で乗るかを顔認識システムで確実に解析できます」

「でもどこに降りるかはわからないですよね」なぎさは言った。

「そう、降りるときはカメラの反対側を向くので、顔は見えません」金髪の男は言った。「でも、車両の内側にもカメラがあるとしたらどうでしょうか。しかも、外側のように高性能なカメラでなくてもよい。ドアに集まる人の顔さえ認識できれば、誰がどの駅に降りるかは容易に知ることができるのです。あ、どうぞ」

僕は右手をあげて彼の気を引いた。

「参加人数が、なんであなたの会社にとって利益になるのか、まだわからないんだけど？」

「まず、会社と言いましても、ここは都営地下鉄なので、雇用主は東京都になります。利益は、製作会社のように成果物があったり、証券会社のように契約をとったりとか目に見えてわかるものではなく、この送別の時間です。閉じ込められたみなさんを出口まで安全に案内する時間は、地下鉄の作業員にはありません。私の昼の仕事みたいに暇なときにユーチューブで動画を見ることすらできないほど、彼らのタイムスケジュールは過密です。その見えない時間を節約しているということで、私に時給が発生するわけです。しかも、人数で乗算しますので、ゼロの場合は、ただの地下鉄散歩ですが、四人の場合は——」

彼はそこまで言うと後はわかるだろうと言うことなのか、壁面にある駅名を照らした。


大手町駅には誰もいなかった。


「どうして」僕は大手町を過ぎてから、金髪の男に尋ねた。「僕らの名前が印刷されているのかな？」

「これで印刷したからですよ」彼は小さなプリンターをズボンのポケットから取り出して言った。

「そう言うことじゃなくて、なんで——」

「これ、かわいいですよね」なぎさは僕を遮ってそのプリンターを覗きこんだ。

「そうでしょう。そうでしょう」彼は言った。「このケータイのアプリから、ブルートゥースで接続して印刷するんですよ。ほら、こんな感じでこの印刷ボタンが光って簡単でしょう。いま印刷中のランプがつきました」

「すごい。簡単。はやい」なぎさは興奮していた。「これどこで売っているんですか?」

「いやいや、これは非売品なんですよ。正式にこのアルバイトをしないと支給されません。プリンターのメーカーが、協賛で試作機を支給しているのです。私にも詳しいことはわからないのですが、地下鉄業界は大きな資本も流れこみやすいのでしょう。え?　このうさぎですか。ああ、これは私がアドビのイラストレーターで――」

彼はそこで話を止め、歩くのを止めた。急に止まったので、後ろを歩いていた吉田が彼の背中にぶつかった。彼は素早くケータイの画面を見ると険しい表情になった。

「電車が来ます!　脇によけてください!」彼は叫んだ。声がコンクリートに響き渡る前に、地響きのような猛烈な重低音が背後に聞こえた。レールの上に足を乗せると、ピリピリとした感覚が、身体を伝い、鼓膜に響いた。

彼となぎさは電車が来るのを避けるために、僕と反対側の側道に入った。目の前を電車が通過しているので、彼らの会話は聞こえなかったが、僕と同じ側にいた吉田と水谷は無関心そうにケータイを眺めていた。僕も電車が通り過ぎる間にケータイを確認したが、圏外だった。

電車が通り過ぎると目の前にいるはずの二人がいなくなっていた。僕を含めた三人はお互い顔を見合ったが、何が起きたかわからなかった。僕は二人が電車に巻き込まれて轢死したのではないかと考えていた。

「こっちですよ――!」と声が反響した。

金髪の男の声だったので、その声がする方向に振り返った。赤い提灯が小さく見え、その前に二つの人影とヘッドライトの光が見えた。

僕の隣で大きな影が動いたと思ったら、水谷が何かに弾かれたような勢いで、その赤い提灯めがけて走っていた。取り残された僕ら二人は、彼を追うようにして、ゆっくりではあるが、走りだした。

「なんで走ってるんだろう?」吉田は言ったが、ヒールの音は僕の走りよりも軽快だった。


ラーメンの屋台は上りの線路と下りの線路の隙間にすっぽり収まるように配置されていた。

作業着を着た男性が一人、こちらに背を向けて、ずるずると麺をすすっていた。彼の周りには温かく湿ったラーメンの匂いが漂っていた。

なぎさは名前が入っていないネームプレートのシールを僕に見せた。

「このうさぎ、かわいくないですか」彼女は言った。「さっきギンちゃんに印刷してもらったやつです。幾つか種類があるらしくて、アルバイトをする日によって毎回種類を変えているらしいんです。仕事の合間にイラストも趣味で描いていて、さっきフェイスブックのアカウントを教えてもらいました」

彼女はあらゆる角度でウサギのシールを眺め、「私はまだアカウント作ってないですけどね」とつぶやき、どこにも貼らずに内ポケットにいれた。

水谷はすでに屋台の目の前に座ってラーメンを食べていた。

「ギンちゃん、私も食べたい」なぎさは金髪の男を呼び、スーツの肘のところを引っ張っていた。

「我々もいただきましょうか」なぎさに微笑みながら、金髪の男は言った。

「私はラーメン食べませんよ」吉田が言った。「いや、ダイエットとかではないですけど、生理的にラーメンは受け付けないんですよ。というか中華料理全般が苦手なんです」

「ラーメン以外もだめですか？　おでんもあるみたいですが」金髪の男が言った。

「おでんなら大丈夫ですけど、時間とかは大丈夫ですか」

「そのことなら気にしなくて良いですよ。まだ始発まで三十分はありますし、神保町の駅はもうすぐですし。あ、淡路町の駅のほうが都合よかったら、そこの扉をあけて、右に四百メートルほど進めば地上に出る階段がありますんで」

店主は小奇麗な白いかっぽう着を着た若い青年で、小さな板二枚と折れ曲がったパイプを組み合わせて即席の食卓と椅子を四つ用意してくれていた。そして、その上には洗濯したてで、アイロンがしっかりとあてられた、シワひとつない白いテーブルクロスが広がっていた。地下鉄の暗い構内には似つかわしくないほどの明るい白さだった。

僕ら三人はラーメンを頼み、吉田はおでんを頼んだ。「おまかせってできますか」と彼女は訊いた。店主は無言ではんぺんとたまごと大根、そして昆布をだした。

すでにラーメンを食べ終えていた水谷は、二杯目を注文していた。そして、ケータイを取り出し、せっせと写真を撮り、何かをこつこつ打ち込んでいた。

「ここの屋台はある界隈ではそこそこ有名なんですよ」金髪の男が言った。「味について店主に訊いたら、地上ではこの味は出せませんからねとか、冗談まじりに言っていました。そういえば、暗渠化された川に生息している鯉を出汁に使っているという、噂もあるのですが」

僕が不安になってきたところで、寡黙な店主は三杯のラーメンを器用に僕らのテーブルに運んできた。黒に近いスープに、長ネギとメンマとナルト、そしてオーブンでじっくり炙られたチャーシューの分厚い一枚が置いてあった。その下に細い麵が優雅に折りたたまれ、箸でくずすとほのかに柚子の香りがした。スープを一口飲むだけで、豊かな風味が身体全体に広がるのがわかる。

店主が僕らのどんぶりを回収すると、どんぶりが置かれていた場所に丸いシミができていた。僕はその丸い模様に、飲んでいる烏龍茶のコップをのせた。それを見ていたなぎさが、僕と同じようにテーブルのシミにコップを置いた。

水谷が三杯目を注文して、店主に無言の断りを受けているのを見届けてから、僕らは屋台を後にした。

「おいしかった。そういえば、お金」なぎさが言った。

「会社に食堂があるように、ここでは屋台は地下鉄の社員食堂となるんですよ」金髪の男が言った。

「今風に言えば、ケータリングとでも言うんですかね。彼らは地下鉄構内のあちこちに出店しています。クレープやらケバブやら焼きそばやら、種類はなんでもあります。この間私はカレーを食べました。おいしいですよ。ただ、いつどこで何が食べられるかはわからない」

「地上では食べられないのだろうか」僕は訊いた。

「どうでしょうかね」彼は言った。「少なくともあのラーメンの屋台にはこのアルバイトでしか出合ったことはありませんね。今日はついてました」

「それは残念」なぎさは言った。

それは残念だ。本当に。

神保町駅に近づくと白い蛍光灯の明かりがついていた。始発の準備で駅員が忙しそうに動いていた。ホームの駅員が僕らに近づくと、ホーム側の白い開閉扉を開け、我々をホームに登らせた。金髪の男となぎさと駅員はしばらく話しこみ、なぎさの楽しそうな笑い声をききながら、残された僕ら三人はただ呆然とベンチに座っていた。屋台で休んだとはいえ、一時間近く歩き続けた疲れが、全身に溜まっていて、とにかくすぐには動きたくなかった。

僕らはネームプレートを金髪の男に返した。「ごくろうさまです」彼はネームプレートを受け取りながら、各々を労った。その後、僕に何か言ったような気もするが、覚えていない。彼は日吉行きの電車に乗って、早々と神保町を後にした。

他の二人もちょうど乗り換え駅だったらしく、三田線のホームには僕となぎさの二人だけが残った。金髪の男は、なぜ僕らの名前を知っていたのだろうか。

「水道橋駅まで歩きませんか?」なぎさは言った。

四月の土曜日の早朝ということで、地上はほのかに明るくなっていた。風もなく、タクシーの動きも閑散としていた。かわりに新聞配達のカブと皇居に向かうランナーが僕らの傍らを通り過ぎた。

「また、食べたくなる味でしたね。あのラーメン」彼女は言った。

そうだね、僕は同意した。僕らの横をランナーが通り過ぎた。

「でも、なかなか食べられないらしいんですよ。ギンちゃんに訊いたんですけど」なぎさが言った。彼女は見るからに新しいスーツを着ていた。足元の黒いヒールは汚れているが、それほど履きこんだ跡も見えない。なぎさの服装を眺めていたら、彼女はそれに気づき、足を止めてしばらく僕の顔を見つめていた。

「井上さんの顔、どこかで見たことあるんですよね」なぎさは言った。

「どこにでもある顔だから」僕は彼女に言った。

彼女は納得出来ない様子だったが、それ以上のことは言わず、歩きだした。

僕が彼女と初めて会話したのは、昨日の新人歓迎会だったと思う。でも、なぜ僕は彼女と日比谷駅で降りたのだろうか。それがどうしても思い出せない。思い出そうとすると、頭の奥からネジを締め上げるような痛みを感じる。二日酔いの痛みとは明らかに違う、鋭く深い痛み。

なぎさのケータイが鳴った。彼氏からの連絡らしい。連絡がしばらくとれなかったことで、彼は不機嫌らしく、彼女は表情と仕草で僕にそのことを伝えた。

「だーかーらー、会社の先輩と一緒にいたの」彼女はケータイに言った。「ううん。男だよ。大丈夫だって。何もなかったよ。何? 浮気かと思った? ねー、浮気かと思った? うふふー」

彼女は楽しそうに彼氏をからかっていた。その後も彼女はケータイで話し続け、時々すみませんと言いたげな目配せをした。「今日さ、地下鉄の駅に閉じ込められちゃってさー。え? またかって? そうなんだよねー」

彼女は僕の後ろを少し距離を置いて歩き、僕は彼女たちの会話を聞きながら、水道橋駅までの道を少し遠回りして歩いた。

雨とカラス

澤西祐典

序

無人島だと思われていたメラネシアのある小島で、二十代半ばと見られる一人の男が救出された。男の腹は真一文字に裂けており、その脇には朽ちかけた日本刀が落ちていたという。

なぜ男はこのような島におり、腹を裂いて横たわっていたのか。男を発見した人たちは不思議に思ったが、ともかくも、最寄りの島の病院へ彼を運び入れた。男にまつわる謎は、彼が意識を取り戻しさえすれば容易に解けるものと思われたが、事態はそれほど単純には進まなかった。目覚めた男はひどく怯えており、その上、現地

の人間とは異なる言語を話したため、意思の疎通すらままならなかった。行方不明者のリストにも男と一致する人物はおらず、男の身元は謎に包まれたままだった。

しばらくして、男の所持品と思しき道具が無人島の中で発見され、新たな謎を呼んだ。それらは道具と呼ぶのがためらわれるほど古びたガラクタばかりだったが、高齢の島民は半世紀以上前に同じものを目にしたことがあった。彼らがまだ若かりし頃、第二次世界大戦中に旧日本軍が所持していたものに違いなかった。長い歳月が経過していたため劣化こそひどかったが、それらはまだ十分に当時の面影を留めていた。男がどのようにして旧日本軍の支給品を入手し、なぜ保持していたのか。謎は深まるばかりだった。

男の話す言語が日本語らしいこともわかってきたが、言葉づかいがたどたどしく、情報のやり取りは満足にできなかった。それでも少しずつ男の身元が明らかになってくる。名は望月タダシ。苗字は発見された鞄から、名は当人から知れた。本人の話によると、男は生まれた島から一歩も外へ出たことがないらしい。それだけでも十分、驚嘆に値したが、男の出自はさらに人々の興味を引いた。

どうやら男は無人島に生き延びた旧日本軍残兵と、従軍看護婦の孫らしいのだ。彼の祖父と祖母は、孤立した島で生活しながら家庭を育み、子孫をもうけたらしい。

にわかには信じがたい話だったが、島の状況はそれが事実だと示唆していた。生活をしていた痕跡のある洞窟、島で見つかった複数の遺体、旧日本軍の支給品らしき道具など、一つ一つ精査に検証すればするほど、男の話は真実味を増していった。

この事実は、瞬く間に世界各国へ伝わった。当然ながら、とりわけ日本では大々的に取り上げられた。事実確認と更なる情報を求めて現地に向かうジャーナリストの一群がある一方、すでに判っている数少ない事柄から、メディアは好き勝手にあれこれと憶測を述べた。それに煽られて、世間も勝手気ままに騒ぐ。

男の祖父はどの部隊に属し、どの海戦に身を投じたのか、はたまた、どのようにして男の家族らは今まで生き延びてきたのか、そしてなぜこれまで発見されなかったのか。話題は尽きるところを知らなかった。だが何といっても、人々の関心を最も集めたのは、男が日本刀で自らの腹を裂いたらしいことだった。情報の少なさが、人々の好奇心をよりいっそう掻き立てた。もちろん、伝えられている情報の真偽それ自体に疑問を呈する声もあった。

ただ、日本中の視線が今や、メラネシアの小国にいる、このたった一人の男に注がれていることだけはたしかだった。信頼のおける情報元からの更なる報告を、誰もが待ち望んでいた。

現地は、報道関係者で溢れ返っていた。病院の記者会見を翌日に控え、雨の中、泊まるところのない者も出はじめたが、押し寄せてくる記者は増える一方だった。

その中に、一人の若者がいた。二十代後半、あるいは三十代前半と思しきこの若者は、その顔にまだ青年らしさを残していた。多くの先輩記者たちがこの出来事に対する見解を述べ合う中、彼は自らの意見をあまり語らなかった。

ある記者は、この事件全体が虚構だと断言した。立法が取り沙汰されているある法案が絡んでいるに違いないという者もいた。また中には、旧日本軍を糾弾する者もいた。しかし、その誰もが戦争を体験していない世代の人間だった。彼らはメディアを通して得た知識を、あたかも自分で見てきたかのように話した。

若者は、黙ってそれらを聞いていた。議論に加わる気はさらさらなかった。非戦争世代である自分が、面白おかしく話題にできる類の話ではないと考えていた。軽々しく口にする神経を疑ったし、また口にしたところで何一つ中身が伴わない気がした。事実、彼の脇で盛り上がっている記者たちの発言には、切迫したものは何も感じられなかった。

何よりもまず事実を正しく知るべきだと若者は考えていた。当事者が実際何を見、何を感じたのか、それを知りたいと思っていた。起こったことや、起こっていることに真摯に向き合いたかった。そうすることで、ようやくその先へいけると思っていた。

――それに、男が発見されたときの状況ってのが、また不自然だろ。

多くの記者がしたり顔でそう語るたび、若者は不愉快に感じた。

公にこそ報道されていなかったが、ある筋からの情報によると、男はきわめて奇妙な状況下で発見された。

　血にまみれた彼のすぐそばの洞窟に、もう一人別の男性が倒れていたという。発見時にはすでにこと切れていたものの、遺体はまだ真新しかった。男性の体は病魔に冒されていたが、直接の死因は殴打に拠るものらしく、手には大きな石が握られていた。

　加えて、死体のそばに一枚の木板が落ちていた。そこには旧日本軍の負の遺産と言われる「戦陣訓」の一節が書きつけられていたという。

　自殺を図ったらしいことが、このことと結び付けられた。

　——生きて虜囚の辱めを受けず。

　あの一文が、人々の脳裏をよぎった。全てが恐ろしく整い過ぎていた。

　それでも記者の若者は、男の半生を面白半分で取り上げるつもりはなかった。彼は、「望月タダシ」がどのような人生を送り、どのようにして発見時の状況に陥ったのかを正しく知りたかった。少なくともその一端が、明朝の記者会見で明らかになる。若者はじっと待った。

　どんよりとした絡みつくような暑さが島全体を包み込んでいる。雨は一向にやむ気配がない。

1

ファレノプシスの淡い紫の花が幾輪も連なり、高木の幹から咲きこぼれるようにして、鬱蒼とした木陰に、あやしくも美しい色を落としている。その艶やかな姿は、まとわりつく暑さとはまるで無縁のようだった。

　タダシはその紫の花々が咲き乱れるころ、この世に産声をあげた。容赦なく照りつける太陽が、彼を祝福し迎え入れてくれた。初めて触れる世界のなかで、雨季の到来を告げる湿った空気を吸い込み、タダシはわけもわからず泣きあげた。

　花の季節《ころ》になると毎年、母はファレノプシスの冠をつくって、そっと頭にのせてくれた。かがむ母のたおやかな髪の匂いとファレノプシスの蜜の香が混じって鼻先に届く。それを嗅ぐと、タダシは不思議な高揚感に包まれる。そこに母の愛があるとしっかり感じることができた。年を重ねるごとに、その意味は大きくなった。とりわけ、弟が生まれてからはいっそう花の季節が待ち遠しくなった。

母は、祖父らの目を盗むようにしてタダシを連れ出し、ファレノプシスの園でタダシの成長を祝ってくれた。それは、二人だけの秘密の約束事だった。幼いタダシにとって、その秘め事は何よりも嬉しく、心弾むものだった。

母との優しい思い出は、彼の体が逞しさをそなえてからも大切に、そっと胸の奥にしまわれていた。

＊

どっ、と砂塵が舞う。舌に砂がざらつき、視界が涙でにじむ。

タダシの幼い体は突如、砂浜に叩き付けられた。背後からの不意の一撃に、反応することもできず、砂を巻き上げながら倒れ込む。

陸まで上がってきていた海がめを追いかけるあまり、来てはならないときつく言われていた海岸沿いまで来てしまったことに、ちかちかする視界が祖父の背を捕らえた瞬間、ようやく思い及ぶ。

——怒られる、
体がこわばり、殴打されるのを覚悟する。

けれども、頭を抱えてしゃがみ込むタダシに、祖父は一向構う気配がない。その大きな背中は、逃れようと必死にじたばたする海がめと格闘していた。抱きかかえられた海がめの手足が、祖父の背中から生えてもがいている。

日が暮れてから、海がめは夕飯へと姿を変えた。タダシたちは、密林の奥の方で、人目を忍ぶようにひっそりと食事をするのが常だった。その日も火をできるだけ落としながら、ご馳走ともいえる海がめのスープをたいらげた。

家族全員が満足ゆくまで食べられるのは、ごくまれなことだった。祖父が見せた、浜辺での必死の様子はそのためである。その日、タダシは久々に心ゆくまでたらふく食べることができた。

ヤシの葉で小突いて戯れた海がめは、彼の血となり肉となった。同じようにしてすべての自然が、タダシの血肉となって彼の体を育んでいった。灼熱を吸い込んだココナツの実も、水を気持ちよさそうに浴びながら、背びれに幾つもの小さな太陽を背負っている魚たちも、果ては地中で暑さにうなだれるモグラまで、タダシはその身に授かってきた。

そうして、じりじりと照る太陽は、タダシの体が要するものを育み、さらには彼の体をも力強く育んでいった。

＊

オオトカゲのつぶらな二つの瞳が、舐めまわすようにタダシを見つめていた。太陽の熱射を受けたその表皮には、黄色の斑《まだら》ぶちが汗疹《あせも》のようについている。

タダシは、そいつに見覚えがあった。出くわすと逃げるように身を隠すオオトカゲのなかで、この一匹だけが好んでタダシらの住まい近くまで寄って来、ふてぶてしくもその腹を見せつけてくるのだ。そのくせこちらから近寄ると、すぐに二、三歩後ずさりする。

今日も物見遊山を決め込んだように、蔦の絡みついた枝にまたがってタダシの小さな体を見つめている。その黄色いぶちが周囲の枝葉から浮いていやに目に付いた。二股に分かれた舌が、小馬鹿にしたように、口先から出入りする。

――捕まえてやる、
タダシは地を駆った。そこには、うまく捕って食べてやろうという魂胆があった。近ごろでは、幼いタダシにも何か食糧を取ってくることが期待されていた。

オオトカゲは驚いたように身をひるがえす。するんするんと枝から枝へ伝ってゆく。負けじとタダシも後を追う。じりじりと焼きつける太陽の破片が樹々のすき間からこぼれ落ちるなか、オオトカゲは器用に逃げ、タダシも巧みに追いかけた。オオトカゲが飛び移るたびに、樹々がしなってざわめく。タダシの弾むような肌が、汗で日の光を反射する。

黄色い斑ぶち目掛けて投げた石が、幹にはね返ってむなしく地に落ちた。皮のはげたところから樹の明るい色が覗いている。今度は枝を拾い上げて突こうとする。オオトカゲが体をうねらせて上手くかわす。石も棒もなかなか当たらなかったが、それでもタダシは無我夢中になってオオトカゲを追いかけた。

ふと気が付くと、タダシとオオトカゲはいつのまにか海岸線へ出ていた。そこは島の反対側の砂浜と違い、切り立った岸壁になっている。

岩にへばりつきながら、オオトカゲは静かに腹を起伏させていた。日を背に回して、詰め寄るタダシの方を見ている。光のなかで二つの目があざ笑うかのようにぎょろぎょろと動く。次の瞬間、ぼちゃんという音と共に、オオトカゲの姿は水のなかに沈んでしまった。

海岸まで駆け寄ったタダシの目に、波に打たれて気持ちよさそうに浮き沈みするオオトカゲが映った。

その日、タダシは手ぶらで帰っていった。しかしその小さな胸は、たしかな充足感に満たされていた。

*

青々とした茂みがガサガサっと音を立てた。そのなかから、オオトカゲが斑ぶちの顔を覗かせると、タダシは食べかけていた果実を手にしたまま、走り出していた。

――いつも通りの一日が始まる。

オオトカゲの方では、そう思ったことであろう。タダシとオオトカゲの追いかけっこは、乾季の間中ほとんどずっと続いた。毎日飽きることなくタダシは黄色の斑ぶちを追いかけた。そのうちにタダシの小さい体は幼さを脱ぎ捨てはじめ、身のこなしにも自然と無駄が無くなっていった。しかし、それでもオオトカゲを捕まえるにはいたらず、決まって最後にはオオトカゲが海に飛び込み、逃げおおせてみせた。

――今日こそは、
いつもと同じ言葉がタダシの胸にきざした。だが、意気込み方がいつもとは少し違う。タダシには一つの術策があったのだ。

さんざん駆けまわった挙句、オオトカゲはどぼんっと音を立てて、海に身を沈めた。さも得意げに海から頭を突き出す。表皮は海の水で気持ちよさそうに潤っている。日暮れまでには、まだたっぷりと時間が残っていた。

いつものごとく逃げおおせたことに気を良くしてか、オオトカゲは優雅に海を泳いでいる。しかしタダシにとっては、まさにこの時からが勝負だった。いつもならすぐにあきらめて引き返すタダシが、今日は違った。浜に上陸しようとするのを、先回り、先回りして阻み、オオトカゲが泳ぎつかれるのを待った。

降りそそぐ太陽とその反射にじりじりと体力を奪われ

ながらも、タダシは辛抱強く待った。突如降り出したスコールに打たれながらも、オオトカゲの上陸を阻みつづけた。体が冷えて、どっと疲れが押し寄せる。水かさは上がり、波は荒だっていた。

懇願するような瞳が、じっとタダシを見つめている。タダシとの距離が離れては近づき、近づいては離れた。雨を放ち終わった空は、夕焼け色に染まっている。焦れるように夕日が沈んでいく。

そしてついにオオトカゲは音をあげ、浜辺に打ち上げられた。タダシの手のなかに収まったオオトカゲは、その目に黒い瞼を重ねたまま、寸分も動かなかった。歓喜の波がタダシの胸に押し寄せ、しばらく去ることはなかった。

*

そのころタダシは何の疑いもなく、島での暮らしを享受していた。

陽気な声がはしゃぐ。二人の妹はお互いにくすぐりあって、なかなか寝付こうとしない。ハンモックから見上げた夜空に、無数の星が瞬いている。

雨の心配がなければ、夜風に涼みながら寝ることができた。祖父と父、母、タダシのハンモックが一つずつ、それに妹らが一緒に寝るハンモックが一つ、少し開けた場所に吊るされている。双子の妹は、いつも遅くまでいたずらしあっていた。そのくせ、別々に寝かせると寂しがって駄々をこねた。父と母が大人しく寝るよう言いきかせる。

二人はもう言葉を話してもおかしくない年ごろなのに、口を嬉しそうに開けたまま、よだれを垂らしてばかりいた。父と母の話を大人しく聞いてはいるが、彼らが目を離すとまたすぐにはしゃぎはじめる。祖父や両親はずいぶんと手を焼いていた。

けれども、妹らの戯れる声がタダシには気にならなかった。その無邪気さに触れると、心が弾んだ。誰もかまっていないときは、進んで相手をしてやる。自然、二人もタダシによく懐いていた。

普段ならはしゃぎ疲れて寝付くのだが、今日は特に遅くまでくすぐりあっていた。苛立ちのあまり祖父が起き上がった。大声で怒鳴る。むしろ、祖父の声の方にタダシは不快感を覚えた。妹らは怒鳴る祖父を見て、きゃっきゃっと笑う。その声を聞いてほっとする。

祖父がきびすを返した。洞窟の方で寝ると父らに告げている。雨が降るときに使う洞窟へと祖父は向かうのだ。心が軽くなるのがわかる。祖父が脇を掠めていく。

ふぅ、とタダシが息を吐いた途端、祖父の独り言が不穏にこぼれ落ちる。

——ハクチかもしれん。

意味はわからなかったが、祖父が呟いた言葉はタダシの小さな胸を刺した。

煌めく星の下に、底抜けに明るい笑い声が響いていた。

＊

ナンカの実の甘い匂いが辺りに広がっている。切り割けられ、房から取られた実が、母の手によって一つ、一つ並べられていく。変わらず照りつける太陽が水分を数日にわたって奪いつづけて、ナンカは非常食に姿を変える。

並べられた実の一つをつまみ食いすると、タダシの渇いた喉にみずみずしさが広がっていった。少し離れたところで何やら父と相談していた祖父が、蝿を払っていた母に話しかける。祖父の顔は、太陽に背を向けているためか、黒いしわのかたまりのように見えた。

――七人ではもう手狭じゃ。雨季が来る前に洞窟を広げてしまおう。

黒い口元は、もぞもぞと動いてそう言った。大きくなったお腹を抱えた母は、嬉しそうに微笑みを浮かべて小さくあごを引いた。祖父の黒い影の首から先がくいっと動いて、タダシについてくるよう促した。タダシは黙ってその影に従った。

洞窟を広げる作業は、祖父が仕切る形で進んだ。炎天下を避けて、仕事は主に、朝の早いうちとスコールが去ったあとになされた。

作業の間中、ザッ、ザッ、という音がした。レモンチンの木べらが土を掘り出す音である。タダシはその音が好きだった。体を上手く動かせば動かすほど、きれいな音が返ってきた。

パゴの木で、新たな屋台骨を作ったりもしたが、作業のほとんどは、土を掘り出して運び出すことの反復だった。五日も使うと駄目になってしまう木べらを、タダシは懸命に駆使した。祖父らとほとんど言葉を交わすことなく、黙々と土を掘っては、洞窟の外へ運び出した。それが少年だった彼の体を、ぎゅっと引き締めた。その筋の通った鼻の上を幾度も汗が滑り落ちた。

掘り進むうちに、一つの大きな岩に行き当たった。木べらは鈍い音を上げて撥ね返された。タダシは半ば意地になって掘り出そうとした。しかし岩はぽっと出たその腹を見せつけてくるばかりで、一向に取り除けそうになかった。その出っ張り具合が、どこか母の大きくなったお腹を思わせた。祖父らは縁起が良いといって、それを避けるように洞窟を広げようとした。ただ一人、タダシだけが執拗にその岩に挑みかかった。出っ張った岩の陰影が、人の顔のように見えて無性に気に食わなかった。

けれどもついに掘り出すことは適わず、祖父に怒鳴られて渋々別のところを掘り始めた。その後も作業は続けられ、洞窟は徐々に広がっていった。一日の仕事が終わって疲れ果てたあと、家族は生まれてくる新しい命について嬉しそうに語りあった。時々動く母のお腹に触れながら、妹らはきゃっきゃっと騒いだ。いつもは厳しい祖父も、顔をほころばせてその様子を見つめていた。

タダシだけが、取り除けなかった岩のせいだろうか、どこか気持ちが晴れなかった。雨季の到来を告げる湿ったにおいが、風のなかに混じり始めていた。

ほどなくして、洞窟は無事完成した。出来上がった洞窟は、大人が七人寝転がっても十分なほど広かった。途中にある出っ張った岩だけが心残りではあったが、タダシは自分たちが成した仕事を誇らしげに見つめた。

そして、この洞窟のなかで弟が産まれた。

＊

激しい雨が降りしきっていた。雨粒は絶え間なく降りそそぎ、ビンロウ樹の葉に当たってけたたましい音を鳴らしつづけている。まるで雨以外のすべてのものを否定するかのような轟音だった。雨の大群が次から次へ押し寄せ、そのあまりの凄まじさに景色は雨で埋め尽くされていた。

そのなかを稲光が走った。妹らが悲鳴を上げる。途端、雷鳴がとどろく。二人は抱き合いながら身をすくめた。音を断とうと必死に耳をふさぐ。洞窟の奥からうめき声が聞こえる。それがさらに二人を怯えさせた。嵐の喧騒にかき消されることなく、母の叫び声が聞こえてくる。食いしばるような荒い息遣いに混じって、押しつぶしたような叫び声が聞こえる。

――本当に母の声なのか。

この世のものにはとても思えなかった。恐怖にかられて二人の妹が泣きじゃくる。

祖父と父の檄が代わる代わるに飛ぶ。松明が照らす先には、血に染まった紅い腰布があった。母がまた食いしばるように息を呑む。洞穴の奥のそこだけが、異様な熱気を帯びている。

――あれほど楽しみにしていたのはこんなことだったのか。

お産を手伝うように命じられていたタダシは、目に映る惨劇に身震いしたまま動けずにいた。雨は一向に弱まる気配がない。雨の音が闇のなかを這ってくる。

頭上から、ぱらぱらと土が落ちた。根の切れる音に続いて、土砂がすべる音が聞こえる。

嫌な予感がした。それが内から絡みつくように這い出て、体を震わせる。

するると突然、祖父が叫んだ。

――出る、出るぞ。

母の膣から何かの先が現れた。それが徐々に大きくなる。気味の悪い、何かが大きくなっていく。

血まみれの膜に包まれたものがある。そこから鮮血が滴っている。祖父が――ヨォーマク、ヨォーマク、――と口走った。

赤い塊と母が腸のようなものでつながれていた。不気味に脈打つ管を、父が刀であわただしく切る。祖父が紅い半透明の膜をかなぐり捨てると、雨の陰湿なこだまのなかに突然の泣き声が混ざり込んだ。いやに耳につく、ざらついた泣き声だった。

タダシは、その場にいるのが嫌でならなかった。

――何か悪いことが起こる。

それがうち震える彼の感じていたすべてのことだった。

*

視界をラワンの木やシダがよぎっていく。体に触れた葉が、タダシの駆け抜けた隙間を埋めようと、音を立てて重なり合う。タダシの腕のなかには、日の光にうなだれる一匹のタコが抱きかかえられていた。早くそれを見せようと、母の元へ急ぐ。

汗と入り混じって肌を濡らしていた海水は、太陽の眼差しを受けて燦然と輝いている。

――母さんが見たら、どれほど驚くだろうか。

何の疑念もない期待が、彼の足を速めさせる。母がいるだろう場所はもうすぐそこだった。

その手前で二人の妹が、泥の山に貝殻を散りばめて遊んでいる。彼は足を止めた。タダシに気付かないでいる妹らに、わざと大きな声で言う。

――タコを獲ってきたよ。

砂だらけの手のまま、二人は同時に振り向いた。兄の腕からはみ出さんばかりの大きなタコを見て、二人は嬉しそうに歓声を上げる。貝殻と棒切れを放り出し駆け寄ってきた二人に、タダシは機嫌を良くして、大ダコとの格闘の様子を声高に話し始めた。妹らはその珍しい赤い軟体動物を突っつき、大はしゃぎする。タダシはいよいよ得意になる。話には熱がこもった。二人が喜ぶ姿は純粋に嬉しかった。しかし同時に、違う感情が燻り始める。焦るように声が大きくなった。汗は吹き出しつづけている。

二人と話しながらも、タダシは別の気配を探していた。彼の視線は妹らの頭上を通り越し、母の影を追い求めていた。しかし母の姿は一向に見つからない。

まだ弾力の残るタコの肌を妹らが小突いている。奇妙な感触に二人は狂喜し、手を上げ叫びながら兄の周りを駆け回る。

いつもなら、母は疾うに顔を覗かせているはずだった。しかし、辺りを見渡すタダシの目に母の姿は映らない。なぜか顔が引きつり、目がしらがじんじんと痛む。妹らは相変わらず無邪気に、タダシの周囲を回っている。太陽が頭上からじりじりと三人を照りつけた。

たまらずタダシは尋ねる。

——母さんはどこ？

二人は顔を見合わせ、仲よく首をかしげた。先ほどまでの高揚感は消え失せていた。別の張りつめた気持ちが、彼の足を動かした。

突如、赤ん坊の泣き声が響いてきた。ようやくその時になって、弟の存在に気が付く。忘れていたわけではなかったが、なぜか今の今まで全く意識に上ってこなかった。母は一人でいるものと勝手に思い込んでいた。

水が湧き出ている場所で何かを洗っている母の背には、生まれたばかりの弟が負ぶわれている。

すぐには声が掛けられなかった。何かが胸につかえている。母の背に妹らが負ぶわれていたときには、決して湧き上がってこなかった何かが込み上げてきて、胸を締めつけた。腕に抱かれたタコは、暑さのせいで腑が抜けたようにくたびれている。

母は汚物のこびりついたおしめを洗っていた。熱心にこすっているが、汚れはなかなか落ちないらしい。タダシが背後にいるのにも気が付かない。そのおしめはまだ肌の弱い弟のために、パゴの繊維を細く細く千切って、細心の注意で母が編んだものである。

立ち尽くしていたタダシは、ようやく母に呼び掛けることができた。

——母さん、

それだけが精いっぱいだった。

――帰ってたの。

母の背中は答える。こびりついて取れない汚れを、懸命にこすったまま振り向きもしなかった。その代わり母の背に負ぶわれた弟が、じっとタダシの方を見ている。いつの間にか泣き止んで、口元には笑みが浮かんでいる。

もう一度声を掛けようとするが、口のなかで言葉が空回りする。胸のうちを言いようもない寂しさが襲う。自分をないがしろにして母が何かをつづけるなど、これまで一度もなかったことである。

今さらのようにタダシの肩へ、大ダコと格闘した疲れがどっと押し寄せる。

弟はさも面白そうに、立ち尽くす兄を見つめていた。

＊

弟に対するいらだちは、日に日に積もっていった。母は弟の世話を焼いて、タダシを疎かにすることが増えた。話をしていても弟が泣きじゃくれば、タダシをそっちのけであやし始める。お腹を空かせて泣いていればタダシに何のはばかりもなく、弟の口へ乳をあてがう。

そのたびにタダシはどうすることもできず、無様に身動きがとれなくなってしまう。凍りつく体とは裏腹に、胸のうちでは激しく嫉妬が渦巻く。妹らのときには何とも思わなかったことが、今度は耐えられない。言葉と共に呑み込まれた思いは、弟への憎しみに変わって腹の底へ溜め込まれていった。

またタダシの目には、弟がわざと母の気を引いて、自分を孤立させているように見えた。そうやって母を独占しながら、心のなかで笑っているように思えてならなかった。

陽気な笑顔を振りまく妹たちとあやしくも雄大な大自然だけが、今やタダシの慰めであった。

ぎらぎらと燃え立つ太陽に肌を焦がしながら、気の赴くまま森で一日を過ごすことが増えた。そこには、いつも純粋な発見が溢れていた。つがいの蝶は、撫であうかのように優しく舞踊する。不気味な色をまとった蜘蛛は、巧みに糸を張り巡らせていた。幹からは時おり、不可思議な格好で枝が伸びている。生えたばかりの葉には、太陽の光が透けて見えた。

そこに弟の影はなかった。

帰ってからは二人の妹と戯れて過ごした。妹らは、浜辺で拾った鮮やかにきらめく貝殻や、虹色の光を放つ貝殻を見せ合い、交換しあった。同じやりとりを、二人は飽きることもなくいつまでも繰り返す。タダシはそれにじっとつきあってやった。

妹らは、タダシを嫌がったり邪険にしたりすることはなかった。タダシの気に障るような言葉を発することもなかった。手に貝殻を隠して悪戯してみても、面白がりこそすれ文句を言ったりはしない。決して深い心のやり取りがあったわけではなかったが、二人はタダシの痛いところに触れることもなかった。それが何よりもありがたかった。妹たちのおかげで、タダシは苦痛を紛らわせ、平静を保つことができた。

すべては母と弟から目をそらすためで、変えがたく耐えがたい現実から自分の心を守るためだった。自然との戯れも妹らとの時間も、タダシが心から望んだものではなかったが、そこに逃げ込まずにはいられなかった。

しかしそのささやかな平穏すら、長くは続かなかった。あまりにも惨い形でそれは崩れ去ってしまう。自然の脅威は残酷に、そして容赦なく二人の命に牙をむいた。

始まりはほんの小さな気の緩みだった。

その日、幼い妹らはずいぶんと遅くまで帰ってこなかった。先に帰っていたタダシが心配になって捜しにいくと、二人は泥まみれになって沼で遊んでいた。

お互いの格好を見て、けらけらと笑っている。沼のじんめりとした臭いが鼻を突いた。泥まみれのあまり、二人の地肌はほとんど見えない。とにかく二人が無事なことにほっと胸をなでおろす。辺りがすっかり暗くなっていることを咎めると、二人は素直に帰路についた。その間も、お互いのへんてこな泥顔を見て腹を抱えて笑っていた。

二人を見ると、母は驚きのあまり弟をそっちのけにして二人の体を洗おうとした。その手から逃れようと、妹らはかわいらしくきゅっと脇を締めながらきゃっきゃっ、きゃっきゃっと逃げ回る。母は執拗に二人を追いかけた。しまいにはタダシを挟んで、母と妹らがにらみ合う形になる。三人にとりまかれながらタダシは愉快になる一方、どこか寂しい気持ちを覚えた。母にかまってもらえる妹たちが羨ましかった。わずかばかりねたましくもあった。けれどもすぐにタダシは後悔することになる。妹らはその命の最後の輝きを見せていたのだ。

二人の体調はほどなく狂い始めた。

一日じゅう途絶えることなく腹痛を訴え、腹をくだすようになった。タダシはのん気にただの下痢だと思っていた。しかし青ざめた母の表情は別のことを物語っていた。取り返しのつかない過ちを犯したように、母はごめんねと一人謝りつづけた。あるいは、だいじょうぶだよと二人を励ましつづけた。しかし母の想いとは裏腹に、事態はただひたすら暗転していった。

——あの笑顔は奪い去られてしまったのだ。

後になってタダシは何度もそう思った。

*

——二人を隔離しろ。

妹らが腹をくだし、数日前に沼で遊んでいたと聞かされた途端、祖父は激しい語調で言った。その傍らで母がさめざめと泣く。

祖父の指示でおそろしいほど手際よく仮小屋がつくられ、二人の妹がそこへ移された。小屋の場所には風通しのよい所が選ばれた。感染を恐れての処置らしい。まるで何度も経験したことのようにすべてが手際よく進められた。

二人の容態は転げ落ちるように悪くなっていったが、ほんのわずかな間、一時的ではあったが妹らは回復する兆しを見せた。

妹らは寝床に横たわりながらいつものように二人で遊んでいた。色つやの落ちた小さな手が、貝殻を一つ一つ並べていくのをじっと見ていると、涙が込み上げてきて堪えるのに必死だった。取り繕おうとして微妙な表情を浮かべていると、二人はいつものようにくりくりとした瞳でそのわけを尋ねてくる。無邪気な笑顔がこけた頬に浮かぶ。

目に涙をためながら、なんでもないよとかぶりを振って答えた。涙を拭ってなんとはなしに尋ねる。

——その虹色の貝殻はいつになったらくれるの?

二人は奪い合うようにしてそれを胸に抱き、嬉しそうにあげないと言った。陽気にふるまう姿を見ていると、死の気配はどこかに消え去ったかのようだった。しかしその実、鳴りを潜めていただけだった。

病は思わぬ方向から家族に襲いかかってきた。夜を徹して看病をしていた父が、同じ病に感染してしまったのだ。父が床に伏してから、二人の妹の病も瞬く間にぶり返した。

狭い小屋のなか、三人が病魔に苦しめられる姿は凄惨なものだった。初めは単に下痢をしたように見え、やがて粘液状の血便が出はじめ、止まらなくなる。発熱し、何かにとりつかれたかのように震えを起こす。同時に右脇と肩に激痛が走る。涙を浮かべて痛い痛いとうったえる妹らを、タダシはただ慰めてやることしかできなかった。代われるものなら代わってやりたかった。

二人は太陽がもっとも猛威をふるう時間帯に、相次いで死んでいった。動かなくなった二人を見て、それが死であると理解するのにそれほど時間はかからなかった。あまりに唐突に、それでいて着実に病は二人を蝕んだ。妹らの最期の姿は、目も当てられないほど痩せこけていた。細い最後の息が途切れたとき、タダシは泣くことしかできなかった。

――あの笑顔は奪い去られてしまったのだ。

涙は頬を伝って流れつづけた。

自分のせいで娘たちを再発させ、さらになまじ体力があったため二人の後を追う形になった父も、生まれたばかりの息子の安否を気遣いながらすぐに死んでいった。そこには無念の表情が、絶えることなくずっと浮かんでいた。

＊

妹らが死ぬ間際、月が闇夜に透けるような晩に、タダシはうめき声のやまない仮小屋を訪れた。なぜ夜半にそんな場所へ行ったのか、後になってタダシは思い出せなかった。タダシの記憶に残っているのは、ただ一つのことだけだった。

それは、月明かりのなかに浮かぶおそろしく冷たい、それでいてすがりつくような父の眼差しだった。すべてを突き放したかのような、しかし同時に必死に助けを求めるような眼差し――タダシを見たその眼のなかには、あらゆる負の感情が横たわっているかのようだった。

その視線にぴたりと凍りつく。

――なぜ俺たちなんだ。

父が吐いた言葉に、胸を絞めつけられずにはいられなかった。息までもが詰まった。つかむことのできないその言葉の真意に、返答することもできずただ立ち尽くす。

——どうして、

悔しさのにじみ出た言葉が父の口から漏れる。暗がりに引きずり込むように、父はタダシを見つめていた。

その眼差しはしばらくの間、タダシにまとわりついて離れることはなかった。

＊

二人の妹の死を告げると、母の顔に一瞬動揺がよぎり、その後に延々と涙が伝った。妹らが小屋に移された日から、母はついに一度も、二人に会いに行かなかった。不用心に会いに行った結果、か弱い赤子の命がどれほど危険にさらされるのかよく分かっていたのだろう。弟は無邪気に泣き声をあげるだけで、皆にその命を守られていた。

妹らが病床に伏していたころ、気丈に振舞おうとする母の顔には時おり不意に涙がこぼれた。枕もとが濡れているのはいつものことで、長い睫毛の目元は赤く腫れつづけていた。

タダシは夜な夜な母のすすり泣く声に起こされたが、二人が病魔に襲われた当初、家族に降りかかっている不幸に対してほとんど無自覚に近かった。

洞窟、あるいは仮小屋にいるときこそ彼の心は暗く沈んだが、重苦しい空気に包まれた二つの住まいの狭間をひとたび抜け出すと、燦然と煌めく自然との戯れにうっとりと酔いしれた。家族の病と心労に挟まれた心は、その間でどこまでも伸びやかに広がることができた。

風の吹きわたる森を駆けていると、自分の生が躍動するのを感じた。日の光を我先に求めあう木々の間の空を、一羽の鳥が円を描くように飛ぶのを見てタダシは胸ときめかせた。日が沈み、昼と夜とが入れ替わると、森もその表情を一変させる。月明かりに照らされた森に張りつめた夜気が忍び込み、陽で焦げた皮膚にそっと触れる。木陰の闇には、無数の命が眠っている。ガジュマルの樹に身を預けて見上げた夜空には、まき散らされた星々が闌干《らんかん》と輝く。恍惚としたひと時は、現実が絶望に近づけば近づくほどますます煌めいてタダシを魅了していった。

しかしそれも、父のあの眼差しに触れるまでのことだった。死に際の父が遺した眼差しは、どこへ行っても離れることなくタダシの後を追ってきた。タダシは、もう以前のように自然に酔いしれることができなくなった。

病を恐れて火葬され、灰と骨だけになってかえってきた三人を前にすると、自分の身勝手さが恨めしく思え、いっそう気持ちが沈んだ。

――もう少し何かしてやれたのではないか。

そう思わずにはいられなかった。

その晩、残された家族は三人の骨を納めた木箱を囲んで故人をしのんだ。タダシは妹らの箱に、二人が大切にしていた貝殻を入れてやった。燃え残った骨に当たって貝殻がこつりと音を立てる。揺れる焚き火の明かりに、貝が虹色に滲んだ。祖父がぽつりと言った。

――こんな小さな島しか知らずに死んでしまって、

……

声は涙につまって途切れた。酒が入ると、祖父は往々にして島の外のことについて語った。そのなかには、祖父と祖母がこの島にやってきた経緯も含まれていた。その晩も、パンの実で作った酒をあおりながらそのことを口にした。しかしタダシはほとんど聞いていなかった。センソウやグンといった、理解できない言葉が要所要所に散りばめられていたせいもあったし、気持ちが言葉を排除しているせいでもあった。凍り付いた心の上を、祖父の話が滑っていく。

それでも祖父は語りつづける。大洋の真んなかでタダシにはわからないような何かが起こって、大海原に放り出され、必死にしがみついた残骸に乗って命からがらこの島に流れついたという話を聞くとはなく聞いていた。味方の助けを待ちながら、この島で生活をはじめたというところで話は一区切りになる。祖父はもう一口、酒をあおった。いつもなら祖母が死ぬまでのいきさつが後につづく。

それまで黙って聞いていたタダシに、ふとした疑問が浮かんだ。他意もなくそれを口にする。

――島にたどり着いたのは、おばあちゃんと二人だけだったの?

言葉が口の先を離れ切る前に、祖父の表情が曇ったのがわかった。いや曇るどころか狼狽の色へと変わったのを、タダシはたしかに見て取った。それは全く予想していなかった表情だった。祖父の顔からはみるみる血の気が引き、目は一つ所にとどまることなく泳ぎ回った。パン酒を持った手は小刻みに震えていた。

一呼吸ののち、祖父は弱々しくも語気を荒らげて言った。

——お前の知ったことではない。

思いもしなかった反応に、タダシは戸惑い、それ以上何も訊けなかった。祖父の顔に刻まれた皺が、焚き火に照らされ、深い陰影を作り出していた。

＊

真昼の太陽が、砂浜に倒されたタダシの体を冷徹に焼きつけた。汗で砂がこびりついた体は、すでに大人のものと比べても遜色がなかった。祖父はその体を力いっぱいぶん投げたのだ。

口に入った砂を吐く。倒れたタダシの上に、祖父は容赦なく罵声を浴びせる。

——この分からず屋め、

手に握られた杖がタダシの体を打つ。

——ヒコクミンめ。お前など生まれてこなければ良かったのだ。

声と杖がタダシを虐げる。

——何故わからぬ、何故、テンノウヘイカバンザイと言わぬ。お前の頭は空っぽか。

杖とともに延々と打ちつけられる言葉を、タダシは砂に伏したまま黙って聞いていた。言葉は頭に入ってこない。赤く腫れた体が、杖で叩かれるたびに痛々しい音を上げる。

父親を亡くした二人の孫を逞しく育ててあげたいという祖父の思いは、タダシの心に届くことなく空回りする。テンノウやアラヒトガミといった言葉が幾度も宙を舞う。その威光を伝えようとする祖父の思惑とは裏腹に、タダシは自分の見知らぬものをかたくなに受け入れようとはしなかった。

たしかに、自分の理解を超えたものの存在を感じることは、タダシにもあった。思わず見とれてしまうほど美しい羽を持った蝶が宙を舞う姿や、力強く燃えたぎる太陽を見ていると、自然と畏敬の念が湧いた。けれども唐突に、テンノウヘイカを敬えと言われても、タダシには全く呑み込めなかった。理解できないなりにも、彼は直観的に屈してはならないと思った。祖父の言に従った瞬間、何かが終わってしまう気がしていた。

ただ黙って理不尽な暴力に耐えた。祖父も意固地になる。

——所詮、蛙の子は蛙か。このクズめ。

うずくまる頭に祖父が唾を吐きかける。けれども、タダシの心には何も響いてこなかった。心は屈することなく立っている。摑みあいになれば、祖父を容易に組み伏すだけの力が自分にはある。その自信が彼を支えていた。

じっと奥歯を噛みしめながら、時が経つのを待った。

すでに老いを感じさせる祖父の手が疲れ果てたために止まると、タダシはゆっくりと顔を上げた。その瞬間、隣にいた弟と視線がかち合う。

突如、思いもしない屈辱感に苛まれる。弟の目には憐憫の光がありありと射していたのだ。そしてその中心にはタダシが映っている。

——どうしてそんな目で見るのか、
全身の血という血が逆上する。弟はそれに答える代わりにうずくまるタダシから視線を外して、あっさりと祖父の言葉を復唱した。

——テンノウヘイカ、バンザーイ。

何の抵抗もなく、さらりと、その七つになったばかりのかわいらしい声でもって、投げかけられた言葉をそっくりそのまま口にする。

タダシの腸は煮えくり返った。祖父は弟の従順なそぶりに満足し、再びタダシの方を向いた。また罵倒が始まる。憐れみと嘲りが入り混じった視線が、再度押し寄せてくる。祖父の罵倒などより、その視線の方をねじ伏せたかった。

それがどれほど耐えがたいことだったか。タダシは灼熱の業火を味わわされているようだった。

太陽が肌を焼くのを感じながら、ただただその視線がやむのを待った。

＊

夕刻に近づき、真昼の灼熱は勢いを緩めていたが、依然暑さは辺りに淀んでいる。タダシは洞窟のなかにいた。ヤシの実の繊維でできた火縄を灰のなかから取り出し、その火が絶えていないかを確認していた。

この火縄を眺めるのが彼は好きだった。自分たちの生活を、燻るように燃える、この火とも呼べないような火が繋いでいるのだと思うと、不思議な気持ちになった。ほんのわずかなともし火に、自分の命が支えられている気がして生きていることに感謝したくなる。もしこの火種が消えてしまうと、もう一度火を起こすのは容易なことではなかった。火種が絶えないように灰を被せ、縄を足しつづけて細々と燻らせつづけておく。そうすることで、さして労力も要せず焚き火を起こすことができた。

そのヤシの繊維が焦げる匂いを嗅いでいると、洞窟の入口から声がした。弟が叫ぶ。

――テンノウヘイカ、バンザーイ。

タダシは胸が焼けるのを感じた。弟がこう叫ぶのは、もう日常茶飯事になっていた。そのたびにタダシはいらだちを覚える。

あの浜辺の日以来、タダシの心はますます弟や祖父から離れていった。気持ちが冷めて無感覚になるというよりも、むしろ無視できない距離で見せつけられる光景に、タダシは冷静でいられなかった。迎合してたまるものかと反発したくなると同時に、気が滅入る自分もいた。

――テンノウヘイカのために、ニンムをスイコウしてマイリマシタ。

用事を済ませた後に、子供特有のおどけた調子で弟がそう叫ぶのを聞くたびに、タダシの気持ちはかき乱され、心穏やかでいられなくなった。祖父は逆に喜び、褒美に果物をやったりした。タダシは自分の採ってきた果物が、目の前でやり取りされるのをいつも俯き加減で恨めしそうに眺めていた。

その日も「バンザイ」という不可解な音の響きを、憎々しく思いながらその背に受けていた。弟が祖父に歩み寄る気配がした。いつもの光景がまた繰り返されるのだろう。虫酸が走る。

――どうしてわけもわからないことを軽々しく口走れるのか。

反骨心を抱きつつ、火縄に灰を被せる。その場を一刻も早く去ろうと入口へ歩を向ける。媚を売る甘い声が後ろから追いかけてくる。また体が熱《ほて》る。

――憎い、
弟の言動に触れるたびに全身の細胞があらがうように騒ぐ。心がかき乱される。しかし、タダシは気付いている。

その胸を焦がすのは決して憎しみだけではない。羨ましいのだ。あんな風に甘えられる弟が、妬ましくも羨ましいのだ。そのことに気付くたびにぞっとする。振り切るように光が射す方へ急ぐ。

外に出るとまばゆい光が瞬間、タダシの視力を奪った。

＊

うっすらと汗に覆われた体は、艶のある伸びやかな筋肉でぎゅっと引き締められている。そこに余分なものは一切なかった。日に焼けて、黒く色を重ねた皮膚には垢がこびりついていたが、それも無精というより勇壮さを感じさせた。霧散する汗のにおいさえ、ある種の豪傑さを物語っている。二十歳を超えて、タダシの体はもはや成熟しきっていた。

鍛え上げられた握力がぐんぐん体を引き上げる。しなる竹を相手に、タダシは小器用にバランスをとりながら上へ上へと登っていく。吹き抜ける風が、竹の葉に触れて涼しい音を立ててさざめく。

真夏の猛暑にあって、この竹藪だけがどこか違う季節のようだった。涼を得ようと近ごろはよく独りでここに来た。風の音に混じっていると、身を洗われるような気がして清々しかった。

今日はその竹の一つに無性に登ってみたくなった。しなる竹の頂きで、一人頬に風を受ける。竹の絨毯に風が映って見える。小さな島がぐるりと一望できた。まるで島を自分が掌握したような心持ちになった。

自分の身を苦しめる祖父や弟は消え失せ、自分だけがこの島にいる。そんな錯覚に捉われた。

家族との時間は、もはやほとんどが苦痛だった。母と二人っきりで過ごす時間だけが唯一の安らぎといえた。しかし、それすらも弟が目ざとく見つけては割って入ってきた。母も母で二人の子を死なせた呵責からか、必要以上に弟に優しくした。すでに青年期の入り口に立っている弟を、まだ赤子のままであるかのように母は扱った。それを見るたびに、タダシはうんざりとした気持ちになった。

けれども、今は風が陰鬱な気分を薙ぎ払ってくれた。透きとおるような蒼い空が、海の涯《は》てを越えて、どこまでも広がっている。海は穏やかに波を刻んでいる。

耳元で凪が空を切る音がする。足もとの竹が揺れる。ふと、洞窟の方を見てみたくなった。ここから見ればまた印象も違うのだろう。身をのけ反らすようにして振り返ってみる。小さな期待が胸を打った。そしてすぐさま暗澹たる想いへと変わる。

洞窟の入り口で祖父と弟が、石で作った盤戯をしているのが見えた。見なければよかったと後悔が襲う。風が凪いだ。あの焼け爛れるような不快感が、また体にのぼってくる。弟が手を動かすのが見える。

弟の体は脆弱ではないにせよ、屈強とは言い難かった。弟が自ら自然に立ち向かうことはほとんどなかった。その体は他人の助けを介して育まれたものだった。弟の所作には、どこか人を当てにしているところがある。自然に囲まれたこの島にあって、弟の体はひどく儚く、人間臭かった。

祖父らは、タダシが洞窟を出ていくときから遊んでいた。そして帰ったら、勝った褒美だと言って、タダシの取ってきた食料をやり取りするのだろう。彼が汗を流して手に入れたものが、何の気遣いもなく目の前で右から左へ渡されていく。

想像するだけで辟易として体から力が抜ける。タダシは静かに竹を下りた。タダシの頭上で、竹の葉がざわざわと鳴っていた。

＊

母の顔をじっと見つめる。横たわっている彼女の顔は、松明に照らされてやせ細った輪郭を顕わにしている。黒く豊かだった髪も、今はもう白髪が目立ち、薄くなっていた。母の衰えは止まらない。特に祖父が死んでからは、みるみるやせ細っていった。

——母が死ぬ、

それは今まで思ってもみなかったことだった。ゆれる松明がこけた頬に影を落とす。かすかに聞こえる細い息遣いで、ようやく母の生きていることがわかった。

弟への憎悪が湧いた。母が衰えたのは、単に齢を重ねたためではなかった。食事を、息子に分け過ぎたせいでもあった。もちろんタダシに譲ったのではない。弟に譲るのである。弟が、母を死に追い立てたも同然だった。分け与える量は、弟の体が大きくなるにつれて徐々に増えていった。それを甘んじて受け取る弟が、タダシには理解しがたかった。

——母が死ぬのだ、

もう一度考えてみてやはり恐ろしくなる。母の小さくなった体が、闇から浮いて横たわっている。かつての艶は髪からも、肌からも消え失せていた。閉じられた瞼の下で、眼球がかすかに動く。

危機感を覚えたのが遅すぎたのだ。母は死なないものだと心のどこかで思っていた。祖父が岩場から足を滑らせあっけなく死ぬと、それが単なる思い込みであったと気付かされた。タダシにとって、祖父という人物も死から無縁な存在だった。あの祖父が死ぬのか、そう思った。

母に死が訪れるとは塵ほども思いたくなかったが、不安に駆られもう少し食事をとるよう促す。けれども、事態は変わらなかった。好物のイチジクを採ってきても、母はそのほとんどを弟にやってしまう。弟が憎々しかった。その場で殴り殺してやりたかった。

抜け落ちてまばらになった睫毛が、上下で重なって、そっと閉じられていることが多くなった。母が立ち上がることすらできなくなってようやく、弟も食事を分けてもらうのを控えるようになった。しかし、もう遅すぎた。

閉じられた瞳はもう一度開くことすら適わないかもしれない。そのやつれた顔を見ていると、自然と小さかったころの母との交流が思い出された。

木登りを覚えたばかりのころ、タダシは森の入口で、菩提樹の高木によじ登った。満足の行くところまで登りきると、枝にまたがって辺りを見渡す。すると母が遠くから駆け寄ってくるのが目に入った。視界を遮るように突き出していた枝を押しのけ、得意げに手を振った。母は何かを叫んでいる。その顔は青ざめて引きつっていた。何を慌てているのかと不思議に思って見ていると、動いてはダメ、と言っているのがわかった。

何事かと事態を見守っていると、母は島中に聞こえそうな金切り声をあげて父と祖父に助けを求めた。ほとんど病的なほどに喚いているのをよくよく聞いてみると、毒蛇が一匹、タダシの後ろにいるらしい。一瞬、ぎょっとして背筋が凍った。

恐る恐る振り返ってみる。すると母の言う蛇はどこにもおらず、枝に蔦が絡みついているだけだった。ほっと胸をなでおろし、何事もなくするすると木を下りる。母はまるで見間違いなどなく、本当の危険から息子が生還したかのように泣きながら、タダシを迎え入れてくれた。

――よかった、ほんとうによかった。

耳もとで発せられたその言葉を、不思議な気持ちで聞いていた。

その母の温かみが今さらのように恋しい。昔のように笑ってほしかった。頬にできる優しい笑くぼをまた見たかった。けれどもそれは叶わぬことだとわかっている。

せめてもと、過去をまさぐる。まだ弟の生まれる前、毎日のように森であったことを母に話していた。嬉しそうにタダシが話すのを、母はまるで自分のことのように喜んで聞いてくれた。包み込むような笑顔につられて、タダシも急き込んで話す。もっと楽しんでもらおうとついつい話も膨らむ。

頭が両端についた蛇がいたとか、森の奥には人の形をした岩があったとか、人の顔ほどある蛭を見つけたとか、そういった法螺話も母は優しく相槌を打って聞いてくれた。母の頬に浮かぶ笑くぼが、タダシはたまらなく好きだった。その頬が今ではこけて骨ばっている。

ふと、森の奥で髑髏《しゃれこうべ》を掘り起こしたときのことを思い出した。そのことを話したとき、母はいつになく真剣に話の真偽を尋ねてきた。母の意外な反応に、タダシは戸惑った。前の日の暮れ方、タダシはそれをたしかに掘り出した。けれども人の頭蓋骨であるとはわからず、ただ岩の上に重ね、野ざらしにして帰ってきた。

そう告げると、母ははらはらと涙を流して呟いた。

――それはあなたの大切な……

後ろは詰まって聞き取れなかった。その時はなんとも思わなかったが、今になって無性にその続きが聞きたくなった。しかし母の口はもうはっきりとは動かず、舌がもつれてうまく喋ることができない。そんな母に無理をさせてまで知りたいとは思わなかった。できることなら、このまま眠るように逝かせてあげたかった。

同じように思い出しても解せない類の記憶は他にもあった。タダシと父の顔を交互に見比べるときに、稀にあらわれる母の切なそうな表情がその一つだった。黒い大きな瞳には、何かを押し込めたような燻った光が時おり宿った。そのたびに、タダシは母がどこか遠くへ行ってしまったような寂しさと言いようのない居心地の悪さを味わった。

父が死んでからも、それはなくならなかった。たしかに頻度こそ減ったが、弟が生まれてからその眼差しはますます強くなった。弟とタダシを交互に見ては、あの悲しい目つきをする。

自分のことを軽んじているのだと思った。きっと弟の方をより愛しているのだと思った。それが瞳の蔭《かげ》りになって表れているのだと思った。しかし、それでもタダシの方では母を愛した。不器用な形でしか表わせなかったが、いつもタダシの胸は母への愛で満ちていた。

あの儚げな瞳の理由を取りたてて尋ねたことはなかったが、もうその機会も訪れることはないのだろう。起こさぬよう、そっと母の頬に触れる。いつまでも母と一緒にいたかった。

指の裏に乾いた肌の感触が伝わってくる。薄明かりに横たわる母は、応《こた》えることなくただ静かに呼吸していた。

＊

穴を掘っているだけなのに、涙が溢れ出して止まらない。木べらが土に食い込む音だけが小気味よく鳴っている。そばに横たえた母からは、もう呼吸の音は聞こえてこなかった。

もう苦しまなくていいのだ、朝起きて、冷たくなった母の遺体を見つけたときタダシはそう思った。同時に、やせ細っていく母を、もう見なくてもいいのだと胸を撫で下ろした。二つの気持ちが入り混じり、堰を切ったようにどっと涙が溢れた。

そのまま、涙は止まることなく頬を伝いつづけている。朝の爽やかな光が樹々から漏れて、二人を包み込んでいる。そこに弟の影はなかった。付いてくるなと牽制したからかもしれない。どこかでふてくされているか、途方に暮れているのだろう。タダシにはどうでもよかった。今は母と二人、最後の別れを惜しみたかった。ファレノプシスの花が、傍らにそっと咲いている。

持ち上げた母の遺骸はぞっとするほど軽かった。母はその身を弟にやってしまったのだ。涙がまた頬を流れて地に落ちた。母の髪は、その長さだけが昔の面影を湛えている。この遺骸に触れていいのは、自分ただひとりだと思った。母を死に追いやった弟が触れてよいはずがなかった。

抱きかかえていた母を、そっと穴に横たえる。本来であれば火葬しなければならなかった。そのために、やし油と火縄を持ってきていた。けれどもそんな気には全くなれなかった。せめてその遺体を、母の形に留めたまま葬りたかった。

額についた土を払った。すぐに土をかぶせて無駄になるのはわかっていたが、それでも払った。

——母さん、

もう一度呼びかけてみる。その両の目がふたたび開くことを願いながら。

森のざわめきだけが、タダシの泣く声に答えていた。

＊

水浴びをしようと浜辺に出たタダシだったが、海岸線に抜けるや否やきびすを返した。浜辺に弟がいたからだ。

母が死んでから数カ月、弟を見かけるのは初めてのことだった。兄弟を同じ場所に引きとめていた母という存在がいなくなると、二人は自然と離れて暮らすようになった。もっと正確に言えば、タダシが一方的にこれまでの生活圏を退いた。

野外にハンモックをこしらえ、気の赴くまま暮らした。雨模様のときには、適当に雨をしのげる場所を探し、なんとかやりすごした。食べたいときに食べたいものを食べたいだけ食べた。祖父の代から調理に使っていた道具はすべて弟の方へ置いてきたので、自然と生で食材を食べることが多くなった。もし火を通したければ道具から作って火を起こす。なんにせよ、体を動かすのは気が紛れて楽しかった。太陽を全身に浴びると、余計な考えは焼け爛れ体がうずいた。絢爛たる太陽に、今さらのように畏敬の念が湧く。

逆に夜になると、闇が多く流れ込んできた。星々は煌びやかに輝いていたけれども、独り時を過ごす身にとっては、やはり心落ち着かない時間だった。自然と夜は早く床に伏し、朝日に合わせて目覚めるようになった。そんな生活を繰り返すうち、母を亡くした悲しみは徐々に癒えていく。

弟がどうしているのかは、タダシにとって全く興味のないことだった。知りたいとも思わなかったし、気配がすれば苛立ちを覚えながらも、その場をすぐに後にした。

弟と顔を合わせない生活は気が楽だった。嫌な思いも抱かずに済んだ。

けれども、今日不用意に弟に出くわしてしまって、タダシは後悔した。心が煮えたぎり、弟を直視することもできなかった。

――あんな奴……

言葉にならない怒りが湧き起こった。大地を荒々しく踏みつける。流しそこねた汗がねっとりと体に張り付いていた。

――あいつがくたばるまで、だれがくたばってやるもんか。

森に分け入りながら、猛り叫びたいような気持ちに駆られた。遮るものはおらず、自らの存在を知らしめるかのように雄たけびが一つ、蒸し暑い島を駆け抜けた。

雨季がもうすぐそこまで訪れていた。

＊

嵐が島を襲った。黒い雨雲の合間を雷光が縫い、雷鳴が島にとどろく。瞬間、島のいたるところを流れていた濁流が闇の中に照らし出される。濁流は結びついては分かれ、隔たれてはまた相手を見つけ折り重なって流れてゆく。無数の虫や動物の死骸を巻き込みながら、ついには大海原へ流れ込んだ。

ニチニチソウの赤い花もその流れに呑み込まれたが、汚濁に花を添えるというにはほど遠く、暗がりにあるのは土色の流ればかりだった。島の様子は、普段とは一変していた。激しさを増しつづける雨は地を覆い尽くす勢いである。

雨がざわめくうす暗がりで、タダシは死人のように生気のない顔を浮かべていた。今にも闇のなかへ消え入りそうだった。濡れてだらしなく垂れた前髪に隠れて、うつろな目からは生気が失せ、顔色は稲妻におびえたように青ざめている。口は役目を忘れたごとく開ききり、呼吸が荒っぽく出入りしていた。

岩の塊が崖を転がり落ちる。土砂の影が洞窟の入り口を流れ落ちた。その間にも、雨音がずっと鳴り響いている。

今日はあの日にどこか似ていた。耳を突く雨のこだまを聞いていると、あの日の記憶が否が応でもよみがえってくる。

暗い岩窟に反響する雨の音。喉を裂いて出たような母の叫び。灰色の空を映し出した洞窟の入り口。そこで悲鳴をあげる二人の妹。松明に群がる虫。幾人分にも伸びた人影。鮮血に染まる腰布。檄を飛ばし、励ます祖父ら。母の膣から出てきた、血の滴る透明な膜。祖父の叫び声。その膜に包まれた動くもの。母とをつなぐ管。そして、突然の泣き声。

弟が生まれたのも、こんな嵐の日だった。記憶を手繰り寄せるように祖父の叫んだ文句を繰り返し呟く。体を前後に揺する。決して快い記憶ではない。けれども、それにすがり付いてでも忘れ去りたい絶望が、すぐそばに横たわっていた。タダシは身震いする。

松明の灰がぽとりと自らの影に落ちる。そのかすかな音は嵐にかき消され、気配だけが灯火の揺らめきとなって闇を伝った。この穴蔵の奥底で、弟は力なく横たわっている。そこはまさに彼が生を授かった場所であった。しかし、今はもう体を起こす力も残っていない。彼の命は、自然の脅威の前に屈しようとしていた。

血の混じった屎尿《しにょう》にまみれ、うめき声をあげて悶えている。断続的に襲ってくる痛みに耐えかね、爪の剝げ落ちた指で体を引っかきうめいている。苦痛が満ちあふれて、口から漏れでているようだった。

穴底に伏した体は衰弱しきり、臓器は病に蝕まれている。悶えて動く腹には、あばらがくっきりと浮かび上がって深い影を落としている。蠅が何十匹とその周りにたかっている。蠅の隙間から垣間見える肌はひび割れて、触れるだけでぼろぼろと崩れてきそうだった。弟は今や、顔にこびりついた糞便を払い落とす気力もない。

悶え声と屎尿の臭いが、瘴気のように這い上がってくる。それが弟の死期の近いことを教えていた。タダシはその症状をよく知っていた。かつて二人の妹と父を、この世から連れ去っていった病に他ならなかった。あいつが、今度は弟の命を蝕んでいる。

二人の妹のことを思おうとした。このおそろしい現実から、ひと時でも逃れたかった。脳裏に、妹たちの顔が浮かぶ。無邪気な嬉々とした笑顔がよみがえってくる。二つの輝く命。その輝きは細って消えてしまった。

過去に襲われて身震いする。妹らを思ってではない。すべてを擲《なげう》ったような憎悪の眼差しを思い出したからである。あの父の眼差しは、長い間タダシの脳裏から離れてはくれなかった。忘れられたと思っても、過去を手繰ればいつでもそこにあった。

——どうして、

そう呟いた父の真意は、未だに摑むことができない。だからこそ、タダシはあの眼差しから逃れられないのかもしれない。

今日、父のことを思い出すのは初めてではなかった。横殴りの雨に遭い、嵐を予感しながら行き場を失ってこの洞窟に避難してきたとき、タダシはあの眼を思い出した。いや正しくは、もう一度あの眼差しを突きつけられた。松明を片手に洞窟の奥を覗き込むと、まさにあの時の父そっくりの眼差しで、弟がじっとタダシを見つめていた。

そのときすでに弟は、形のない糞便と蠅の大群のなかに埋もれていた。そこに横たわる死を、タダシは意識しないわけにはいかなかった。彼は目の前の絶望に、体が硬直していくのを感じた。

＊

それから雨はどれほど降ったであろう。雲は一向に晴れる気配がなかった。もう昼過ぎのはずだったが、辺りは夜の帳が下りたように依然として暗い。

二人は出会い頭の視線のやり取り以来、お互いの顔を見ようともしなかった。それでもどこか相手の気配を探っている。それが生まれてからこの方、二人が保ってきた間合いだった。弟の死に際にあっても、二人は溝を埋めようともせず、その不文律をきっちりと守っている。

松明の灯が当たってひきつった笑いを浮かべたような模様が、岩壁に浮かんでいる。岩越しに弟の脚が見え、蠅がたかっているのがわかる。激しい雨音を縫って、羽根の音さえ聞こえてきそうだった。

近づく気は微塵もなかった。まして看病しようという気はさらさら起こらなかった。ただ間合いを取って、遠巻きに眺めているだけだった。そのくせ何よりも弟の様子を気にしている。

赤々と燃えていた松明の先が落ち、灯りに揺れて人面岩の形相が変わった。二人を阻むように、タダシの傍らには木板が立てかけられていた。板は朽ち果てており、ざらついた表面には黴が黒く泡を吹いている。

木板には、祖父がまとめたセンジンクンの骨子が刻まれていた。もちろんタダシらに叩き込むためである。しかし、タダシは文字を読むことができなかった。祖父は何度も文字を教えようとしたが、タダシは頑なに拒んだ。それゆえたとえ何が刻まれてあろうとも、タダシには不思議な図柄が、整然と並んでいるようにしか見えなかった。木板に刻まれた内容を知るには、もはや記憶に頼るしかなかったが、今となっては、もうその要旨すらろくに思い出すことができない。

それでも必死になって思い出そうとする。ダイニッポン、コウコク、ヘイカ、ニホングン。生前、祖父がよく口にしていた言葉が口を突いて出た。理解することのできなかった言葉を懸命に手繰りながら、木板に刻まれた中身を捕らえようとする。けれども、思い出そうとすればするほど、むしろそれを叩き込まれたときの創痕がうずいて邪魔をした。浜辺で、杖を振り落とされたときの記憶が心を絞めつける。弟と祖父の嘲るような眼。

――しかし、あれは太陽のいたずらだったのだろうか。

祖父の振る舞いが、時おり反転して見えることがあった。タダシを罵倒する眼には擁護するようなものが、弟を褒めるときにはどこか後ろ向きな光が射すことがあった。本当にごく稀だったが、まるで自分の暴力の理不尽を認めているような眼差しが、砂塵の上に転がるタダシに注がれた。

同じようなことが、ニンムスイコウのくだりを弟が唱えるときにもあった。たいていの場合、祖父は弟を褒めながら笑顔で褒美をやった。けれども稀に、祖父が顔をこわばらせたまま、口先だけで弟を褒めているように見えることがあった。その瞳には憂いの色が窺えた。

しかし、単なる気のせいだったのかもしれない。

――テンノウヘイカ、バンザイ。

弟が両手を挙げて洞窟に入ってくると、祖父はいつも嬉しそうな表情を浮かべ、孫を迎え入れた。それをまざまざと見せつけられて、タダシは平静でいられなかった。憎いと同時に羨ましかった。うまく甘えられない自分が情けなかった。

祖父の矛盾した表情は、もしかすると自らの願望が見せた幻だったのかもしれない。羨ましさのあまりそう見えただけだったのかもしれない。しかし、いずれにせよ祖父が死んでしまった今となっては、事実を突き止めることはできなかった。弟も、祖父が死んでからはそのような茶番をすっかり止めてしまった。すべては過ぎ去ったことだった。

現実には死にかけた弟が、洞窟の底で横たわっているだけだった。雨は依然として降り止まない。

＊

どこに落ちたとも知れない雨粒の音が折り重なり、陰鬱な音を響かせている。それがこだまして、鼓膜をたたきつづける。

暗い考えばかりが次々と浮かんできた。体は小刻みに震えている。

弟の苦痛の叫びが、雨音を貫いて響きわたる。こだまするその声に合わせるかのごとく、蜘蛛の巣にかかった蛾が必死にもがいている。その妖艶な羽は逃れようとすればすれほど、ますます絡まるばかりだった。蜘蛛が一歩、また一歩とまがまがしい腹を前進させる。巣は風に揺れていたが、全く動じることなく、淡々と獲物に詰め寄る。黄と黒のまだらの腹から伸びた脚が、ためらうことなく蛾のその首へと掛かる。

松明が揺れて、弟の影がうごめいた。

――来るべきときが来たのだ。

体が顫動し、歯がぶつかりあってがちがちと音を立てる。弟の悲鳴が大きくなるにつれ、また小さくなるにつれても震えは激しくなった。強靭な肉体も、迫りくる恐怖の前ではなす術がなかった。ただ震えることしかできない。

死の気配を恐れて震えているのではない。タダシが絶望しているのは、これから先の自分自身を想ってのことだった。弟という存在を失ったあとの自らを想って震えているのだ。弟の死はすなわち、タダシ一人がこの島に残されることを意味する。絶対的な孤独。降りそそぐ雨が一音一音、耳に突き刺さる。たった一人、この勝手気儘な大自然と向き合っていかねばならない。稲光が、空の下のものに構うことなく跳梁し、雷雨を片時も忘れさせてはくれない。

たとえ、母が亡くなってから顔を合わせることがなかったとしても、この島のどこかで弟が生きているということは、図らずも、心にある種の張りを生み出していた。弟を憎む心が、知らず知らず生きる活力となっていた。

その源泉が今まさに、それも唐突に失われようとしている。これからは想いを寄せる相手も、張り合う相手もなく、たった独り生きていかなければならない。タダシは、永遠にも思われる孤独な時間を想って恐怖した。

鳴り止まぬ雨の脅迫から逃れようと、一人耳をふさぐ。それでも雨は去らない。うち震える体の音と混じって、むしろ雨は不気味さを増す。

弟は死なない、きっと大丈夫と自分に言い聞かせる。それでも血の気は失せて戻ってこない。小さくうずくまった体が異常なほど震えている。

闇が絡みついて、体を撫でまわす。母の生を蝕んでまで生きてきた弟が、自分一人を残して今さら死ぬはずがない。そう否定してみても、奥から立ち昇るうめき声は一向に鳴り止む気配がない。ふと、怒りに似た思いが込み上げてくる。

――なぜ自分が、自分一人だけが、こんな孤独な生を強いられるのか。

矛先が定まらぬ思いが沸々と湧き上がって、さらに体を震え上がらせる。影に包囲された松明がめらめらと燃える。視線が、ふらふらとさまよう。知りつくした島でたった一人、――誰も、あの祖父でさえ、これほどの孤独を味わったことはないだろう。

岩壁はにらみつけても、押し黙ったまま灯りを受けているだけである。なぜ自分なのか。心は掻き乱れてやまない。目の端に、例の木板が映り込む。雷光がはっと飛び散る。

――なんとむごい仕打ちだろうか。

祖父にさえ共に逃げてきた人がいたというのに、タダシには誰もいない。すべてが自分を置き去りにしていく。あの弟でさえ。

――なぜ最後まで自分を苦しめるのか。

答えるものはなかった。ただ、叩くように鳴る雨に混じって、這いずり回るようなうめき声が洞窟の奥から聞こえてくる。怖気に襲われて震えた拍子に、宙を泳いでいた手が、壁を伝う蔦に触れた。それをぎゅっと握る。弟の叫びがひときわ大きくなった。体が一気に総毛立つ。

――すべては弟が生まれてから悪くなった。

そう思い到ったとき、矛先もなく浮き立ってまとわりついていた憤怒が、一つところへ濁流のごとく流れ出す。タダシははっきりと意識した。コウモリが数羽、耐えきれなくなって松明の灯に追われる。

——すべてはあいつが悪い。

死んで当然だ。叫ぶ心を止めるものは何もない。最後まで苦痛にあえいで、一人野たれ死ねばいい。長年押し殺してきた憤怒が、恐怖を遠く押しやる。雨の音が力強く生を鼓舞する。

気が付けば、木板の文字に目が留まっている。無機質な線の塊は、浜辺のあの情景を思い起こさせた。あの屈辱的な光景がよみがえってくる。沈む夕日のなかで、虐げられる己の姿が影のようにあった。そこに降りそそぐ眼差し。

いじっていた蔦を、ぐっと引きぬく。

——いや、野たれ死になぞさせてたまるものか。

うずくまる影が、すっと立ち上がった。

＊

板を抱きかかえるように握りしめて、うめき声がする方へ歩み寄る。一歩、また一歩。代わる代わるに地を踏みしめる。逞しい体は、もはや震えてはいない。

十歩に満たないはずの距離を、まるで見咎める者がいるかのように抜き足で進む。一歩ずつ、一歩ずつ、じりじりと間合いを詰める。一歩ごとに、先ほどの決意がこみ上げてくる。弟をなぶり殺す——その決意が胸のうちを渦巻いていた。弟の死が避けがたい事実であるのなら、せめて最後の審判を自らの手で下す。それが憤怒の行き着いた終着点だった。雨の音がタダシを後押しする。重い木板をかかえ直した。また一歩、忍び足に近づく。

蝿が一匹、タダシの目を掠めていった。もう残すところ二歩ばかりだった。岩と闇にはばまれ上半身こそ見えなかったが、骨と皮の脚が蝿の巣窟になっているのがわかる。蠢く蝿の羽が不快な音を立てる。

ふと足が止まった。死の気配に群がる蝿を払うこともできない弟に、さすがに同情の念を禁じえなかった。一瞬決意が鈍る。ほんの一瞬。

すると、鈍い音と悲鳴が弟の体から上がった。脚が痙攣し、たかっていた蝿は一度四散して、またおめおめと舞い戻る。悲鳴はみるみる細って止んだ。代わりにわずかに引いていた殺意が、むらむらと湧き起こってくる。ついに踏み出す。そして最後の一歩、弟と対峙する。

タダシの緊張は頂点に達した。だが一瞬ののち、崩れ去った。決意をもって握りしめられたはずの手から、不意に板がこぼれ落ちる。弟の顔から鮮血が、ぴちぴちと溢れ出している。片手には、ところどころ皮膚がこびりついた、血まみれの石が握られていた。弟は既に自ら運命を決していた。拳三つほどあるその石は、あらかじめ用意されたものだったのだろう。痙攣する体は、まさに致死寸前だった。

おびただしい量の血が、白目を剝いた眼に流れ込んでたまっている。余程の決意で振り下ろされたに違いない。額は見事に割れ、頭蓋が落ちくぼんでいるのがわかる。

遅すぎたのだ。その手に握られた最後の憤怒のやりどころさえ、弟はあっさりと目の前で奪っていった。

タダシは駆け出していた。駆け出し、洞窟を飛び出していた。雨の降りしきる森を駆けずりまわる。彼は太陽の光を求めていた。全てを洗い流してくれる、絢爛たる太陽の輝きを。

＊

視界を遮る雨は、その全盛よりは衰えていた。けれども依然、地には濁水が溢れかえっている。なんども濁流に足を取られる。地面もぬかるんで足元がおぼつかない。滑っては這い起き、また別の方向へと走る。枝が雨に紛れて、頰を裂く。転べば石が体を打ちつける。濁流に呑まれた虫の死骸や木の残骸が、転ぶたびに体を這いずる。それでも意に介することなく走りつづけた。頭上を暗い緑が、雨を滴らせて覆っている。

泥まみれの頰を打つ雨の勢いが、徐々に和らいでいった。タダシは海岸線に出ていた。雨雲の層が一段と薄くなり、体の芯を照らすような日の光が、その奥から透けている。

足もとに、海岸までたどり着いた泥水の流れを感じながら、太陽が完全に現れるのを待つ。空一面を灰色に覆っていた雲は、いくつかのうすい塊に分かれている。その一つの裏で、太陽が爛々と燃えている。雲の裏から太陽が立ち現われるのを、じっと待ちつづける。

そしてとうとうその片鱗が顔をのぞかせる。日の光が頰の雨を拭い去る瞬間が、もうすぐそこまでやってきた。瞼を閉じ、全身が日に包まれるのを待つ。雨雲はゆっくりと太陽のもとを離れていく。タダシとの間を遮るものは無くなりつつあった。日の光が、やんわりとタダシの体を抱擁する。

その時だった。ずっしりとした重みが脚に加わった。木の残骸などとは違う、確かな重みだった。

足元を見る。そして慄然とした。それはタダシがもっとも愛したものだった。遺骸——濁流に押し流され、足元までたどり着いたのは、紛れもなく母の遺骸だった。頭蓋骨から生えた、白髪混じりの長い黒髪が、何よりの証しだった。雨は亡者の眠りさえ貪ったのだ。爛れた皮膚がところどころにこびりついている。あの優しい笑くぼの面影など、どこを捜しても見つからない。

その場を逃れようと、タダシは再び駆け出していた。行先はもう、どこにもありはしなかった。

*

斜陽を浴びながら、洞窟のある岩崖の頂きで、タダシの体は生を放棄していた。太陽は、もう何の活力も与えてくれない。

タダシはすべてに裏切られていた。弟にも、自らの願いにも、そして孤独に耐えようとする自分自身にも。頼るべき寄る辺をすべて失ってしまった。今日、あの洞窟に行くまでは、確かに弟というつながりがあった。それすらも手のなかから零れ落ちた。

彼は腹を裂いた。

血に染まった祖父の日本刀が、傍らに落ちる。冷え切った表皮を、生温かい鮮血が覆っていく。もうすべては決したのだ。体から力が抜ける。だが、頭は奇妙に冴えわたる。赤い血だまりが徐々に広がっていく。

——弟が母の膣から産まれたように、自分もああして母から産まれたのだろうか。

眼に血の色が映り込む。この半分は、父の血だと母は言ったけれど、それは果たして本当なのか。疑う気持ちがあった。

タダシは、父と希薄な交わりしかなかったことに気が付いている。むしろ毛嫌いされて、避けられている印象さえあった。そして、あの日のあの眼差し。

今になって、これまで忌避してきた疑問をはっきりと意識する。

——自分は本当に、あの父親の息子なのだろうか。この流れ出る血には、本当にあの人の血が混ざっているのか。

しかしそれは、もう誰も語ってはくれないことだった。彼以外に生きる者がいなくなってしまった今となっては、絶対に知りようもない事柄だった。祖父の瞳の奥に隠されたあの狂気と同じだった。

祖父は何かを犯したに違いなかった。だがそれは語られなかった。真実を知った方がよかったのか、知らないままが幸せだったのか、それはわからない。けれど、たとえ語られたとしてもそれは真実だったろうか。タダシはもう一度問いを立てる。

——あの父が、本当の父なのか。

そうだと語ったのは、祖父らに過ぎない。結局何かが語られたとしても、それは生き残った者の口からでしかない。生き残った者だけが語ることができるのだ。そして今となっては語る者は誰もいない。

どうして今さら真実を知れようか。どれほど求めてみても、関与できないところで起こったことは見ることも、聞くことも、確かめることもできないのだ。

——それでも、自分は一人取り残され、そして誰かの血が体を流れている。

祖父が生き延びたことで、タダシは一人孤独を抱える運命になった。誰か別の父が、確かめることも会うことも叶わぬ父がいたにしろ、そうでないにしろ、体のなかには実の父の血が流れているのだ。それは動かしようのない事実だった。眼前にはただ、出来事の結果が現実となって広がっているだけである。この現実に取り残される限り、否が応でも背負わなければならない。誰がどう言おうと、どう思おうと関係なかった。タダシはこの現実を背負わされている。

——でも、もうどうでもいい、疲れた。

それが、明確に意識した最後のことだった。血も肉も骨も、いずれ消え去ってしまうだろう。この大自然の前では、すべてが虚しかった。憂いなどないに等しかった。それが通用するのは、人と人との間だけである。あと数刻もすれば、目の前にいる鳥が、腸を食いちぎるだろう。

どこからやってきたのか、横たわるタダシの前には一羽の真っ黒な鳥が、夕日を浴びながらこちらを見据えている。見たこともない鳥だった。どこか全く違う世界からやって来たのだろう。そしてタダシの体をむさぼったあと、その漆黒の羽を広げて、違う世界へと飛翔していくのだろう。

しかしそんなことは、もうどうでもよかった。タダシは目を閉じ、意識が遠ざかるのに任せた。

ただ鴉が、羽を繕いながら彼の死をじっと待っていた。

2

部屋にはパイプ椅子が敷きつめられ、たくさんの記者が、会見が始まるのを待っていた。額という額には大粒の汗が浮かんでいる。メラネシア特有の暑さと降りつづく雨による湿気のために、現地は茹だるように暑かった。その上、会見室の冷房の利きが悪く大人数がすし詰めにされていたので、室内の熱気は相当なものだった。ほとんどの者が、手に持った書類や手帳で顔を扇いでいる。

記者は日本のみならず、世界各国から集まっていた。褐色の肌も、白い肌も、黒い肌も入り混じり、世界の好奇の縮図といった状態だった。この事件に対する世間の注目の高さが窺い知れた。

現場に派遣された記者は皆、冷静というにはほど遠かった。不規則な生活がたたって、腹が突き出たベテランの記者たちでさえ、これから目の前で起ころうとしている一世一代の大事件に、浮き足立たずにはいられなかった。膝を揺すり始める者は後を絶たなかった。

彼らは「望月タダシ」が現れるのを待っていた。嵐の難破に備えて無人島の海岸近くに停滞していた漁船が、浜辺で逃げるように駆けていくタダシを見つけてからほぼ二週間が経とうとしている。その後、多くの記者が「望月タダシ」の像を好き勝手に描いた。それらは些細な異同こそあれ、大筋では変わらなかった。

彼は軍人であった祖父から、戦時下の思想をそのまま叩き込まれて育った悲劇の人物である。天皇陛下を崇めたてまつり、戦陣訓を心に抱いて日々生活した。それは、島で戦陣訓が書かれた木板が見つかったことや、その板が死を迎えた弟の傍らに、弔うようにして置かれていたことから容易に知れた。

また祖父が敵艦に敗れたことから、その海域の敵軍を恐れながらも、彼は日本軍の救助を心待ちに日々を過ごした。同時に、不用意に敵艦に見つからぬよう細心の注意を払った。近づく船があっても、日の丸の旗を掲げていなければ敵とみなし、去っていくのをじっと待った。そのために、現在に至るまで発見されなかったのであろう。しかし嵐で墓が荒れ、母の遺体が流出したため、それを探しに海岸線に出たところ、不意に現れた漁船に遭遇した。見知らぬ船を敵艦と誤認し、彼は洞窟まで撤退する。初めて間近で見る近代的な船を前に、戦況は圧倒的に不利と判断したからである。〝生きて虜囚の辱めを受け〟ないため、彼は病で死にかけていた弟に自決を促し、自らも覚悟を決めて岩場に登った。そして、まさに戦陣訓に忠実に死を図った。

以上がマスコミの作り上げた「望月タダシ」の物語である。彼らはこの筋書きに何の疑いも抱いていなかったし、今のところ何ら矛盾を感じていなかった。ただ、それが状況証拠にしか拠っていないことにいささかの不満を感じていた。会見場にいるすべての記者が、自らの描く「望月タダシ」の裏付けを求めていた。

あの若い記者も例外ではなかった。彼はともすれば、伝わっている情報から正しい「望月タダシ」をくみ取ろうとしている自分自身を見つけ、驚いた。ふと気が付くと他の記者と同様、彼に勝手な人物像を期待していた。何度もその像を振り払おうとしたが、気が緩むとまた想像が一人歩きする。そんな自分自身に苛立ちながら、望月タダシの口から、何かが語られるのを心待ちにしていた。

彼もまた、会見室で他の記者たちと同じく、もうすぐ現れるはずの男を眼光鋭く待ち構えた。記者たちは、どんどん高まる会場の熱気にのぼせながら、会見の予定時刻はとうに過ぎているとぼやき始めていた。

*

おぼつかない足取りで、タダシは廊下を歩いていた。患者服の胸元がはだけ、隆々たる筋肉が見えている。包帯を巻かれた腹部には二十針ほどの縫い傷があったが、傷口はもう塞がりかけていた。しかしその足取りは、逞しい体から切り離されたようにたどたどしかった。

——大丈夫ですか。

見かねた医師が声を掛ける。タダシは肯定とも否定ともとれない微かな返事を漏らす。

地に足が着いていない気がした。ベッドで目覚めてから、床の上を歩くのは初めてのことだった。少しも曲がったところがなく、不自然なほど直線的なこの廊下という道が、タダシの目には奇妙に映って仕方がなかった。あまりの不自然さに、踏んだ先から地面が崩れていくような気がしてならなかった。

病室にいたときも同じことを思った。意識が戻ると、見たこともない無機質な空間が広がっていた。まるで現実感がなかった。いくら時が経とうと慣れることはなかった。身に着けている服でさえ、肌になじまず、何度も脱ぎ捨てた。

部屋に置かれた小さな鉢植えが、一瞬タダシの目を引いたが、その花の奥に伸びやかに広がるものが感じられず、すぐに視線を逸らした。驚異的な回復を見せる体に反して、心は磨耗し、衰弱していった。何よりも困惑したのは、家族以外の人間が現れたことである。彼らは、タダシの腕を取って血脈を押さえたり、柔らかいもので体を拭いたりした。

唖然として事態が呑み込めずにいたタダシは、されるがままに任せた。初めて見る他人が敵なのか、味方なのか、全く判然としなかった。

白衣を着た一人の男に、耳から伸びた円盤をあてがわれた時、怒りが込み上げてこないでもなかった。槍を細くしたような、鋭い銀の棒が自分の腕に刺されていることに気付いた時、惨めさと共に憤怒が湧きあがってこないでもなかった。しかし、抵抗するには心が疲弊しすぎていた。この部屋の中では拳を挙げる気力は湧いてこなかった。結局されるがままに、部屋に閉じ込められて日々を過ごした。

島の生活を偲ばせるものは何もなかったが、唯一、部屋のあちらこちらに書かれた現地語だけが、どことなく祖父の文字を思わせた。しかし憔悴しきっていたためか、いくら記憶を手繰り寄せても祖父と弟の姿が浮かんでくるだけで、それより先へはたどり着けなかった。思い返される弟の眼差しや声が、また一段とタダシを疲弊させる。

——明日、キシャカイケンを開くのだが、出てはもらえないだろうか。

切り出した医師に、タダシがわかるように伝えようとする意志はなかった。意思疎通もろくに取れないこの患者を、日本語を話せるというだけで押し付けられたことに辟易としていた。タダシの方にも、わかろうとする意志はなかった。ただ、「出る」という言葉には心をくすぐる響きがあった。この場所を離れられるという発想は、疲弊したタダシの心を鼓舞した。そのまま二つ返事で承諾する。何か新しいことが起こるという期待が湧いた。

けれど部屋から出ても、そこには同じように無機質な廊下が広がっていた。今、その気持ち悪さを一歩一歩踏みしめている。どこまで行ってももう逃げられないのだ。窓ガラス越しに、飛び回る鳥を見ながら思う。

それでもなぜ歩を進めるのか。もはや自分でもわからなかった。ただ脇を固めた医師らが促すのに応じて前に進むだけである。はねのける元気も、理由もありはしなかった。

ようやく記者会見室の前にたどり着く。閉ざされた扉の前に、大きな垂れ幕が掛けられている。

——旧日本軍残兵の子孫、望月タダシの生還——

そう大きく銘打たれている。しかし、当のタダシ自身はその文字を読むことができなかった。その言葉が持つ意味も、そしてその呪詛の恐ろしさも、当人は理解していない。何の心構えもなかった。まさに備えもなく蜂の巣の中へ飛び込もうとしているのと同じだった。

先に会場に入っていった医師が、会見の開始を告げるのが聞こえた。すると右脇を荒っぽく抱えていた医師が、ためらうことなく扉を開けた。

＊

その瞬間だった。フラッシュの嵐がタダシを襲う。

彼の頭は、雷に打たれたかのように真っ白になった。微塵も予想していない事態に、全ての機能が止まったように硬直する。

何かしらの感慨を抱いたという点では、記者たちの方が先だった。フラッシュの嵐の中にたたずむ屈強な肉体は、本人の精神の混迷に関わらず、記者たちを感嘆させた。その肉体は贅肉にまみれた彼らとは、明らかに別世界のものである。ある者は憧れをもって、ある者は羞恥を抱いて、またある者は嫉妬に駆られてその肉体を見た。それぞれの思いでファインダーを覗きながら、シャッターを切りつづける。しかし、それだけでは満足できない。記者たちの関心は彼の精神的側面にこそあった。カメラが、一瞬間も撮り逃すまいと回りつづける。

当のタダシ本人は、怒濤の閃光を浴び、平常心を完全に失っていた。

その身に降りかかっていることは、経験の範疇の遥か外の出来事だった。どうしていいのか、全くわからない。パニックのあまり、意識が後退していきそうだった。

けれどもそのきわで、確かに感じ取る。何かを期待されているのだと。皆目、見当もつかない何かを。

まるで目隠しされたまま、綱渡りさせられているような錯覚を覚える。もし踏み外せば、自らの存在が逼迫するであろうことも、ひしひしと感じる。

次の一歩を出すべき場所をまさぐる。

――自分の生の存続がまさに今、この時この瞬間に賭されている。

そう強く意識する。必死に、何が求められているのか探る。しかし光が開いては閉じること以外に、見えるものは何もない。小刻みに震えはじめた頭で、死に物狂いで答えを求める。過去にさかのぼるしかなかった。それ以外にすべはなかった。

断片的に飛び出す記憶から、藁にもすがる思いで答えを得ようとする。そして、忘我のうちに叫んでいた。

――テンノウヘイカ、バンザイ。

自分の声に驚く。それは弟の茶番だった。子どもの戯れだった。祖父を喜ばせるための、単なる馬鹿げたお遊戯に過ぎなかった。

しかし、会場にいた他の者には全く別の意味を持っていた。それこそが、記者たちの求めた答えだった。その瞬間こそ、「望月タダシ」が生まれた瞬間だった。そして、彼らはそれを逃さない。

男の哀れな肉体に向かって、フラッシュが一斉に焚かれる。同時に、言い知れぬ満足感が、記者たちの心に広がる。あの若者の心にも。

それと共に、タダシの心は音を立てて崩れる。もはや弟は単なる憎悪の対象ではない。あの祖父の虐待は、別の意味を持ち始める。過去が一度に溶解し、鋳型に流し込まれたように変わっていく。弟は見習うべき模範へと変わる。

足の裏で地面を捉えながら、自分の中で起こっている、おそろしい熱変化を感じとる。心の変遷を、もう止めることはできない。

望月タダシは、フラッシュを浴びつづける。


部屋の外に、雨の降る気配はもう一向になかった。

杏仁豆腐

内山晶太

風にめくれ風に折らるる冬の焔《ひ》へお守りをおく手の甲は見ゆ

関節の寒さがわたしの関節をおしえてくれる冬の傾《なだ》りに

雪ばかりとけて生れたる泥水がしずかなりそこに浮く吸い殻も

ラーメンのスープに浮けば油さえうつくしと白きれんげを沈む

ゆくかぎりつづく平日の晴天にあたまの襞に鳩が棲みつく

雪の日の冷えにはやはり芯のあり夜半の便器に立ちはだかれば

一日中すべての時間を老いてゆく部屋のみかんよしぼみても老ゆ

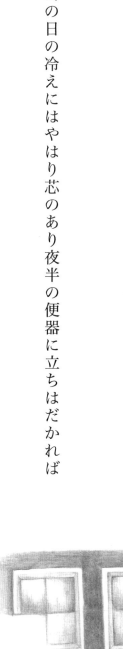

おそらくは鳩、　の羽降りしずみゆく時空といえるもののさなかに
きさらぎの植物園にこぼれたる木の実うつくしき膚を保てり
鼻するときまれまれにエンジンのひびきともなうことあり、　寒し
昨日食べし杏仁豆腐のおもかげがあり憚りのしろき陶器に

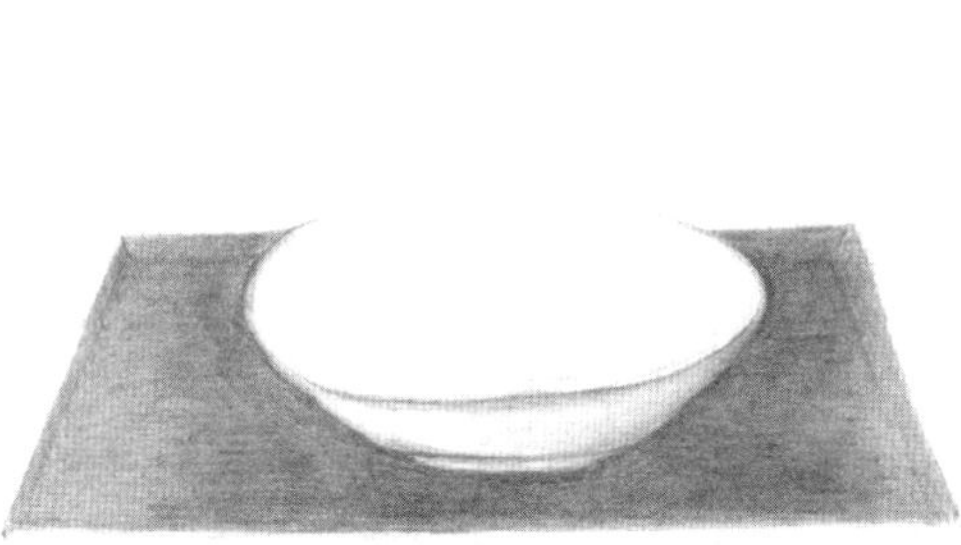

疲れ著く列車に坐しているときを顔面だけが生きて帰りぬ

雨ののち雨降るなかを涙腺の触りごこちにこころはあそぶ

口内炎はつづまるところ炎にて夜を徹してくちびるが燃ゆ

春われはちいさくなりて仰ぐなり薺《なずな》を日々の尖塔として

星ふるふ

小原奈実

東京の隙間に葛の踊りつつ溺れつつ夜の風深くなる

風に薄るるもののごとくに身をなして乳液の香のうちのジャスミン

労働のあひまにしばし夜を眠る部屋はおのれの髪捨ててあり

ひとひらをひとひやしなふ陽光を瞑りおもふに薔薇もまた星

木犀の呼吸のうちをゆく夜を苦しめる木は濃くにほひたり

われは踊れる水にすぎぬを総身に針をはぐくむ木々にふれゆく

遠き木の尖《さき》より鵙のこゑ降れば鵙の統べゐる野よまぶしかり

息ふかくきみ眠りをりこの闇にらふそくの火のごとくほどけつつ

よろこびは群れて来たりぬみづからを焚きてふくらむ冬の小鳥よ

けふを発つためなる柚子を身に提げて並木の影の明滅をゆく

はるかに曳かれゆきたるごとく雪の上《へ》に累々と他者の跡つらなりぬ

天球の朝かがやきはくだりきて像《かたち》となりぬ雪に鶺鴒

冬の星ふるふはるかに身を断ちておのれ放てる者の嘶き

日々もろき靴にあゆみて花の芽の鞘裂けそむるさまにあひたり

夜の頬をぬるき大魚のよぎれるは春ならむかの往かざりし春

ジャングル

エリザベス・ボウエン　西崎憲 訳

　夏の学期もまもなく終わるという頃、レイチェルはジャングルを発見した。菜園の奥の塀の向こう、立ちいり禁止の区域、酢漿草《かたばみ》や蕁麻《いらくさ》や羊蹄《ぎしぎし》が膝まで茂るその草地を、モーデンさんの囲い地を区切る生垣に沿って進むと、裾がすこし空いた場所に行きあたる。地面すれすれのその隙間から囲い地の内側にもぐりこむ。それから囲い地を走って抜け（一番わくわくする段階だ）池を回って高い板の門に攀《よ》じのぼり、門のせいで見通せなかった細く長い道に飛びおり、さらにその道も外れ、頂上に生垣を（とてもまばらでみすぼらしい）巡らした土手に登ると、向こう側を眺めることができて、生垣に開いた穴のひとつを潜《くぐ》ってそちら側に抜けると、そこがジャングルだ。

　見たこともない大きさの茨《いばら》の茂みのあいだを縫って、犬の肢が踏みわけたような道が無数に走っている。茨の下は洞穴のようにぽっかりと空いている。山査子《さんざし》の木が散らばっていて、登ると周囲を見渡すことができた。中央あたりに庭常《にわとこ》の木叢《こむら》があって、甘く重たい薫りを放っている。そこは完全に見棄てられた野性そのものの場所だ。誰のものでもないように見えたし、足を踏みいれるのは浮浪者だけだった。浮浪者の服というのはずっと破れやすいものなのか、切れ端が藪に引っかかってはためいていた。茶色くなった新聞を蹴ると藪の下まですべっていった。腐った長靴は茸みたいで、錆で真っ赤

になった空き缶が散らばり、雨水でいっぱいになったそれらはさまざまな方向に傾いていた。二、三の缶は怒りの発作の結果なのか、完全にぺしゃんこになっていた。

はじめてここにきたレイチェルは、犬の踏みわけ道をひとりでじりじりと進みながら、ひどくびくびくしていたし、ひんやりとした予感をいだいてもいた。自分が猫の死骸を見つけてしまうように思った。猫が不意に人の前から消えることを知っていたし、そのあたりの藪はいかにも不吉で、猫がそういう目的で選ぶにはうってつけのように見えた。穏やかな七月の午後、夕食まで一時間という時刻。レイチェルは本を一冊持ってきていた、けれど開かなかった。彼女は庭常の下にすわって膝を抱えた。ジャングルに入ったとき、ぐらつくようなおかしな感覚があった。ジャングルを作るすべてのものが慌てふためいて一点に収斂し、それから身震いして四散し、たがいの関係がすこしあらためられ、すこしだけ変化した。

レイチェルはそのとき十四歳だった。その頃彼女には親友と呼べる存在はなく、狭間の時間を過ごしていた。そういうものを持たなければならないことに、レイチェルはたまに窮屈さを覚え、叫びだしたい気持ちになったけれど、自分の親友だった子たちと、親友かもしれない子たちをすこし意地悪い目で眺めると、そっくりだと思わざるを得なかった。そのうちの誰も理解しそうになかった……。ジャングルにいると理想的な人がここに現れてくれたらという気が強くした。けれど理想的な人はここをだめにするだろう。ここは本来の姿であってほしかった。彼女はひっそりとすわり、視線が入りこめないほど密に茂った茨の円丘を見つめた。

学期の最後の日、レイチェルは列車に乗っていて、級がひとつ下のイリス・ラマルタインも一緒だった。彼女は休暇をニューフォーレストで馬に乗って過ごすらしかった。イリスは男の子のように髪が短く、フランス語がものすごくできて、けれどほかはひどいものだった。何をやっても速くて手際がよく、そうやって自分の分を終わらせたら今度は緩く遠い目つきでほかの子を眺めるのだった。レイチェルは自分が休暇に入るのを残念に思っていることに気がついた。苦労して客車を降りて母親の群に飛びこんだとき、彼女はぶっきらぼうな口調で言った。「手紙を出しあわない？」イリスは見事なほど自然に答えた。「うん、そうしよう」

休みのあいだにレイチェルは十五歳になった。母親はスカートを二インチ下ろさせ、もう小さな女の子じゃないと言って、将来について考えることを求めた。彼女はテニスの催しに招かれ、そこではじめて会う若い男の人たちは彼女をなんと呼ぶか考えこみ、結局ミス・リッチーと呼ぶことにした。結婚している姉のアデラは、来年の夏休みには自分のところに泊まらせて、男の子と女の子のためのダンスの集いにつれて行くと宣言した。「いまのわたしは女の子じゃないの？」おずおずと彼女は尋ねた。「あなたは女の子ということにはならないの、そういう意味では。十六歳になるまではね」アデラはきっぱりとした口調でそう言った。

レイチェルはジャングルの出てくるおそろしい夢を見て、震えながら目を覚ました。死体が関係しているように思った。女の子の腕が藪の下から出ていた。彼女はジャングルを胸から締めだそうとした。ジャングルのことはもう考えなかった。けれど何夜かあと、またそこに戻っていた。こんどは影のような人が後ろにずっとくっついていて、それはイリスであることが分かった。最初の夢で腕を覆っていた藪まで行ったところで、彼女は腕のことをイリスに伝えようとしていた。それが夢だったことを自分が確信するために。けれどやめた。自分が殺したことを思いだしたのだ。彼女は逃げたかった。けれどイリスが寄ってきて妙に親しい態度で腕をからませてきた。目覚めたレイチェルは噴きだしてくる感情を持てあました。時折、昼の世界に張りだす執拗な、夢の蛇口、それは捻って止めることはできない。夢は午前中を浸す。時には一日全部を。朝食のテーブルの上にイリスの手紙があった。

イリスの手紙はひどいものだった。馬だらけ、兄弟だらけ。ニューフォーレストに行ったのだから色々あったはずなのに、とくに何も思わなかったらしい。レイチェルはがっかりしたどころではなかった。つぎの学期が空っぽになったようにさえ感じられた。そういう経験をして、何も感じない人間に気持ちを寄せるなんてことは不可能だった。彼女は皿の下に手紙を滑りこませ、返事は出さないつもりだったが、あとで二階にあがってから結局テニスの催しについて記した手紙を書いた。「話が出ました」彼女は書いた。「男の子と女の子とのダンスの会について。でもそういうことにはまだあまり興味がわきません」

「いまのあなたの親友は誰なの？」母親が訊いた。部屋に入ってきて、手紙を書いていることに気づいたのだ。そういうことを言うとき、母親はいつも不安そうな顔になった。なんといってもレイチェルは成長途上の娘なのだ。

「いない」レイチェルは言った。「ただ、ひとりの子に適当に書いてるだけ」

「チャリティーがいたわね。チャリティーはどうなの？　最近は彼女に手紙を出さないの？」

「あの子はたしかに好き」レイチェルは言った。こういうことにかんしては適切に対応する感覚を持っていた。「ただちょっと気取ってるかな」そう言いながら考えていたのは、イリスが進級するかどうかだった。レイチェルはⅣＡに進むことになっていた。級がふたつ下の子と仲良くするのは不可能だろう。

つぎの学期、みんなが帰ってきたとき、彼女はイリスがⅣBになったことを知った（フランス語の学力のことが頭に浮かんだ）。けれどイリスは体操の選抜八人の候補になっていて、空いた時間をすべて練習にあてていた。一、二度レイチェルは体育館の入口から覗いて、器具を使って練習しているのを見た。器具で練習していないときは、イリスはいつも同じ子、すこし冴えないジョイス・フェローズと一緒にいた。前の学期に一緒に行動していたのだ。ふたりは一緒にすわり、一緒に歩き、土曜の午後には乗馬靴の部屋で四苦八苦した。イリスが自分を見たり近づいてきたりすると、レイチェルは視線を外したり、その場から離れたりした。頭にあったのは、想像力を伝って夏休みが流れさってしまったということだった。彼女は夏休みを過ごさなかった。夏休みは浪費された。行く手にはなんの楽しみもなく、何もかもがつまらなく見えて、ホームシックになったと思った。つぎの学期の最初の二週間は、イリスとはほとんど喋らなかった。レイチェルはジャングルには行かず、ジャングルがあることをすこし恥ずかしく思った。

　ある日曜日、朝食と礼拝式の隙間の時間に、同時にドアを出ようとして、ふたりの体が接触した。

「おはよう」イリスは言った。

「おはよう」

「外？」

「そう、外」冷淡な口調でレイチェルは言った。

「大事な用事？　林檎が三つ残っている木があって、もぐのを忘れてるみたいなの。ちょっと行って――」

「いいわ、行きましょう」レイチェルは同意した。ふたりは腕を組んで歩いた。

　十月のはじめだった。納屋に集めた鉢植えや湿った鱗のような樹皮の匂いが漂う日。ふたりが目を覚ましたとき、霧は海のようになって寮を取りかこんでいた。いま霧はたくしあげられ、それを透かしてゆらゆらと揺れる太陽が見えた。庭の白い門は薄い金色になり、生垣の葉っぱは翻って無数の

小さい光を放った。霧はまだ切れ端のようにくっついていた。黄楊《つげ》の生垣に、果樹の垣根の黄色い葉に、しなだれて揺れる紫苑の茂みに、蜘蛛の巣のように。ぼろきれのように、とレイチェルは思った。茨にくっついた切れ端。

　イリスの林檎の樹は菜園を半分行ったところにあった。ふたりは見あげた。林檎のひとつは失くなっていた。自然に落ちたかどこかの不心得者が石をぶつけて落とすことに成功したか。ほかのふたつは美しいブロンズ色で、八フィート上の葉叢《はむら》のなかで居心地好さそうに休らっていた。ふたりはあたりを見まわした。菜園には誰もいなかった。

「何かぶつけたらいいのかも」レイチェルは言った。「あまり大きな音がしないんだったら」

「賭けてもいい、わたし、鉄棒みたいにして登れる」自信満々の口振りでイリスは言った。彼女はすこしさがり、短い距離を走った。ジャンプして、頭上の枝に飛びついてぶらさがった。両足を揃えて体を揺らす。爪先で空気を蹴る。体が前後するたびに爪先の達する位置は高くなった。まもなく前の枝の高さを越えるだろう。枝に足をかけ、体を引きあげてそこに立って、林檎に手を伸ばすだろう。

「体操を役立ててるわね、わたしたち」レイチェルは皮肉まじりの賞賛を送った。辛辣《ドゥリガール》に。イリスはちょっと笑っただけだった。余分な息がなかったのだ。彼女は下唇を突きだし、枝の位置を測った。日曜用のワンピースが腰を離れて一枚の端切れになって翻った。ぴったりした黒い体育用の半ズボンを履いていた。

「――イリス」門のほうから甲高い声が聞こえた。「レイチェル・リッチー、その木に触らないで――何をしてるの」

「何も、ミス・スマイク」レイチェルは憮然として叫びかえした。

「そう？　だめよ」すこし声が和らいだ。「それにうろうろしないで。あと四十分もすれば礼拝がはじまる――靴を濡らさないで」

　イリスは体を揺らすのをやめていた。ただぶら下がっていた。それから膝を曲げ、足を開き、地上に降りたった。「呪われてしまえ」彼女は軽い口調でそう言った。レイチェルは自分では「忌々しい」という言葉を使った。たまに「非道《ひど》い」。「非道い」という言葉をしょっちゅう使う人たちを彼女は知っていた。けれど自分の友達で「呪われてしまえ」という人はいままでいなかった。「罰当たりなことは言わないほうがいいわよ」彼女は言った。興奮して、声をあげて笑いながら。

　イリスは残念そうな顔で手についた苔を払いおとしていた。「呪われてしまえっていうのは罰当たりな言葉じゃない」彼女は言った。「つまり、神様と関係ない言葉」彼女はふたたびレイチェルの腕を取った。ふたりは菜園の突きあたりまでぶらぶら歩いた。「つぎの学期に堅信礼を受ける？」

「受けると思う。あなたは？」

「たぶんわたしもそう。宗教はわたしの家ではとても大事。うちはユグノーなの」

「ああ、いつも不思議に思ってたの。だからそう呼ばれて——」

「——イリス？　そう。家がそうだから。あなたは好きじゃない？」

「わたしは好きかな……。でもあなたに似合うとは思わない。柔らかくて繊細な名前、女の子らしい名前。あなたは、あなたは違う、もっと——」言葉がつづかなかった。そういう人たちがいるのだ。その人たちのことを話題にするときには、混乱や興奮が、度を失わせる感覚が、かならずともなう。なんらかの個性は個性以上に感じられる。「あなたはもっと元気がよくて堅い名前であるべき。ジーンとかパメラ……でなければマーガレットとか——マルグリートじゃなく」

　イリスは話の中身は聞いていなかった。「わたしは男の子であるべきなの」事実について述べるように彼女は言った。確信に満ちた声で。片方の袖をまくった。「筋肉をさわって。よく見て——見て」

「ねえ、イリス、ちょっと変わったところを知ってるの。ここから遠くない。わたしが見つけたの。わたしはそこをジャングルって呼んでる。ただ区別するためにそう言ってるだけで、すごいとかそんなんじゃないんだけど」彼女は急いでつけくわえた。「そこはたぶんあまりきれいじゃなくって、浮浪者がくるの。でもわたしは秘密の場所って考えてる」レイチェルは道の先に落ちていたジャガイモを蹴飛ばしていた。そして、そう言ったとき、声をあげて笑った。最近は秘密という言葉を避けていた。一度、「お泊まり」の最後に、彼女はチャリティーと呼んでいた友達に自宅の庭の「秘密の場所」を見せていた。チャリティーはそのことを友達に笑いながら話した。みんな学校に戻ったときに。


「どこ？」

「塀の向こう——あなた、足を刺されても気にしない？」

蕁麻《いらくさ》と羊蹄《ぎしぎし》はいやな匂いがしたし、露をふくんで重くなっていた。日曜のワンピースが邪魔になった。ふたりはワンピースの裾を体育用の半ズボンにたくしこみ、その姿でそこを通りぬけた。「よかった」レイチェルは言った。「ふたりとも黒い靴下を履いてきたから濡れても分からない。茶色だったらだめだった。上のどのへんまで濡れているか分かるもの」モーデンさんの囲い地の湿った草は踏まれ弾かれた。走っていると蛇のように絡んできて踝《くるぶし》を切った。つづく小道で彼女は息を切らしながら立ちどまった。「あなたはもちろん目敏いわよね」レイチェルは言った。「黒苺があるかもしれない」

　ジャングルでは彼女はさきに立った。イリスの前を歩き、茨を大胆に掻きわけた。いまは猫の死骸を見つけやしないかとおそれてはいなかった。そうなったらむしろ気晴らしになっていただろう。彼女はイリスが何をやっているか、何を考えているかを窺うために後ろを向きはしなかった。ふたりは窪地に降りた。そこにはまだ霧が蟠《わだかま》り、早朝の静けさが残っていた。駒鳥が藪から飛びだし、行く手を横切った。そこは記憶にあるよりも素晴らしい場所に思えた。ひとりできていたらよかったのにと思った。頭のなかにあるものと人間を混ぜるのはばかなことだった。死んだ女の子の青く白い腕が茂みの下から突きでていた場所についた。後の夢のなかでイリスが近寄ってきて、とても変な感じで触ってきたところだ。ぼろが引っかかっている。最初にきたときのがまだ……同じ長靴――

「よさそうな長靴じゃない?」彼女は冗談を言った。

イリスは後ろにきた。缶のひとつをやかましい音をたてて蹴って。「ここはすごくいいところね。自分で見つけたかった」「すごくいい」レイチェルは言った。彼女を見ながらなんでもないことのように。

「こういうことが好き?　――ここへくるのが」

「本を持ってくるの」言いわけするように彼女は言った。

「ああ、それじゃだいなし。わたしだったらキャンプファイアをやる。ここにきたいし、寝たい。土曜日に一緒にきて、両方やりましょう」

「寝るっていうのはつまらなくない?」レイチェルは驚いて言った。

「わたしは大好き」イリスの声が大きくなった。いかにも感に堪えないといった表情を浮かべていた。「わたしは犬みたいに寝つきがいいの。もし服に濡れた跡があまりつかないんだったら、ここに寝転がって、いますぐ寝たい」

「あなた――変わってる」

「そう?」イリスは言った。無頓着に。「あなたがそう言うんだったら、わたしは変わってるんでしょう」彼女は茂みの前で止まった。ひとかたまりの黒苺があった。あまりおいしそうには見えなかった。小柄な、丸みのある体の少年、黒いタイツのイリスは大きなクッションのような茨の上で腕と脚を伸ばした。片足で立ち、もう一方でバランスをとりながら、手をさかんに動かした。時々、自分に向けてくるそういう顔、内側の考えのなさを表す空白の顔を見ると、彼女が自分の魂といえるものを持っているのかが疑わしくなった。腕や足をべつにすれば。レイチェルは怒りかつ疑った。イリスは茂みのわきにしゃがみ、熟れたのもそうでないのもかまわず口に入れていた。見境なく、大急ぎで。「わたしはとても普通の人間」レイチェルは好戦的に言った。そう言ったらどうなるか見るために。イリスには自分がどんな人間なのか、考えがあるのだろうか？

「いいえ、あなたは違う」イリスは言った。「あなたはたぶん頭がいい。いくつなの？」

「八月に十五歳になった。あなた――」

「三月に十五になる。でも、わたしより一級分頭がいいってすごい」

「頭なんてよくない」レイチェルは急いで言った。

イリスは声をあげて笑った。「変なことがひとつ。頭がいいってことを頭のいい人たちは恥ずかしいって思うのね……そういう人たちの頭には何が入りこんでるんだか――これ以上食べたら病気になっちゃう。ここのはちっともおいしくない。種だらけ、でもわたしは食べるのを我慢することができない、あなたはできる？」

「できない」レイチェルは言った「家にいるときはおやつを三回食べた――エクレアとか雉のパイとか糖蜜のタルトとか――うちのコックはとても上手に作るの。いまは違う。夜の正餐まで起きていられるようになったから。一日に何を食べるか、それですごく違うようになった。おやつはべつだけど」

「筋肉のことを考えるから、おやつ三回なんてぜったいない。とにかく強くなくちゃいけないの。女みたいにしまりがなくなってしまうとだめ。男はトレーニングしているときは食べないの、知ってる？」

「知らない。あなたは夜の正餐までがまんできるの？」

「うちでは夜の正餐なんてしない」イリスはばかにしたように言った。「うちで食べるのは夕食で、わたしは八つのときからずっとがまんしてきたわ」

イリスの家の人たちはずいぶん変わっているらしかった。

息を切らして菜園を横切り、礼拝に二十分遅れてたどりついたふたりの姿があった。ドアの前で迎えたミス・スマイクは、手に燃える剣を持っていた。「わたしはなんて言いましたか」ミス・スマイクの言葉は国語のおさらいのようだった。「わたしはなんて言ってましたか。チャペルに入る必要はもうありません」ミス・スマイクは底意地の悪い口調で言った（まるでふたりがチャペルに入りたがっているかのように）。「もう賛美の歌がはじまっています。上に行って靴下を替えてきなさい。呼びにいくまで自分の部屋から出てはなりません」ミス・スマイクは背を向けて礼拝に戻った。満足と信仰心がその姿から見てとれた。

一緒に罰を受けるということは親近感を生じさせた。ふたりは溶接されたように思った。ふたりは普通よりも重く罰された。イリスの下唇のことがあったせいで……。頭の角度もまた問題だった。それは銃殺されようとしている反抗的で英雄的な人間を連想させた。ありがたいことに境界線を越えたことは発覚しなかった。ジャングルは脅威にさらされずにすんだ。ふたりはその日の残りを離れているように命じられた（ふたりが親友であることがそれで確実になった）。そしてレイチェルはいつもならば罰されることで自尊心が傷ついたが、賢く大胆になったような気がした。月曜の夜、彼女は夕食のとき、イリスのために横の席をとっておいた。けれどすこし経ってから見ると、イリスがジョイス・フェローズと腕を組んで入ってきて、べつのテーブルにすわった。彼女は目をそらした。夕食のあとでイリスは言った。「ねえ、なんでこなかったの？　ジョイスとわたしはあなたのために席をとってたのに」

学期はつづいた。そしてかなり難しくまた興味深いものになった。レイチェルは俗物だった。彼女は自分の友人が特別な人間であることを好んだし下の学年の子にあれこれ指図されることは好きではなかった。判明したのはそれだった。イリスは骨惜しみしないというふうにはとても見えず、単刀直入さは横柄に感じられた。「――しましょう」というときに意味するのは「やりたいならやればいい、わたしはやるつもり」ということだった。一緒に何かをやるときはいつも揉めて終わった。レイチェルはイリスが人にたいしてカザビアンカのように唇を突きださないでくれ、見下さないでくれと願うようになった。女の先生たちは年少の子たちと一緒にいるのをばかにしていた。先生たちは彼女にイリスを感化することを求めなかった。それは先生たちが状況を理解していることを示していた。ⅣＢは校舎のずっと奥にあった。けれどイリスは廊下を尊大に歩いたものだ。傲然と彼女の前を。そして後ろに向かって言った。振りかえりもせず。「急いで。何してるの」それからジョイス・フェローズがいた。間抜けで、空っぽの顔、憂鬱なお仲間。

ある夜、予習の時間にチャリティーがノートのページに絵を描き、破いて渡してよこした。題がついていた。ヤコブ（レイチェルの王子《ラジャ》）。ズボンを履いたイリスが体育館の屋根の梁から逆さまにぶらさがっていた。口の横に吹きだしが描いてあった。「急いで。ここへきて。待ってるから」レイチェルはロープを登れなかったし、上まで辿りついたとしても、それからどうすればいいか分からなかった。だからそれは薄情なことだった。レイチェルは絵を夕食のときにイリスに見せた。イリスは真っ赤になって言った「底抜けのばか」。イリスは自分にかんすることではユーモアの感覚が十分とは言えなかった。

つぎの夜、テニスのボールをふたつ重ねたような人の絵が、チャリティーの机の上にあった。（チャリティーの姿は驚くべき速度で女性的な曲線を発展させていた）。チャリティーは見た。笑いながら親指と人差し指で絵を摘みあげた。「もちろん、こんなのは気にならない」彼女は言った。「でも、思うんだけど、あなたのすごく下品なお友達はこの級の教室には用はないわよね。あなたも知ってるでしょうけど」

レイチェルの頰は赤くなった。もし絵がうまかったらなんの問題もなかった。けれどイリスは絵はからっきしだった。ただばかばかしく、品がないだけだった。「分からないわ、なんでその絵が自分だと思うの?」彼女は言った。「でももし思いあたるふしがあるんだったらそうかもね」

あとで彼女はイリスに食ってかかった。「もしチャリティーをやりこめたいと思ったのだったら、もっと頭のいいやりかたを考えないと」

「わたしは頭がいいふりなんかしない」イリスは応じた。

「ヤコブなんて見せなかった。そんなどうしようもない間抜けそのものになるつもりだって分かってたら」レイチェルはまくしたてた。

イリスは目をいっぱいに開き、薄い灰色の目でじっと見た。目の向こうに油断のない何かが控えていて、それは知性ではなかった。「あなたは知ってた、あの冗談はわたしが考える冗談とは違うものだって」彼女は言った。「知ってたんでしょ?」

レイチェルはためらった。イリスは唇を堅くあわせ、鼻で軽く笑った。

「実際問題として」レイチェルは言った。「わたしの級の友達みんなが考えてることをあなたに言っておくべきだなんて考えなかった。あなた分かるでしょう? 自分が誰にたいしてもいばった態度をとってるって」

「何を言ってるか分からない」イリスは言った。「そういうふうに言う理由も分からない。みんなってどういう意味? わたしは好きになったんでないかぎり、誰かに注意を払うってことはない。それにわたしがいばってるって誰か思ったとしてもどうしようもない。いばってるのはわたしじゃない、ほかの人、じめじめした人たちでしょ?」

「あなた、わたしがじめじめしてるって思ってるの?」

「思ってる。あなたは時々とてもじめじめしてる」

夕食の時間で、そういう種類の会話をはじめるにはまずい場所だった。レイチェルとイリスはそのまま並んですわっていた。向かい側の生徒たちの皿を眺めながら、ジャムつきのパンを嚙みきり、口いっぱいに頰張ってゆっくり咀嚼しながら。口に詰めすぎたせいで咽《む》せたあと、レイチェルは急に向きを変え、反対側の生徒ふたりと会話をはじめた。三人は代数の予習の話を、内輪のことを話しはじめた。イリスはそこにすわりつづけた。まったく自然に、混乱するほど近くに。レイチェルが顔を覗きこんでも彼女は注意を向けなかった。彼女はいつものようにひどい姿勢ですわっていた。肩に埋もれた首は前に突きだしていたし、レイチェルには彼女の唇が尖っていることが分かった。それに微笑んでいることも。食後の祈りが終わると、彼女たちは椅子を蹴って思い思いの方向に歩き去った。食堂の外のホールでは掲示板の前にみんなが群れていた。レイチェルは教室に向かい、自分の机の前にすわった。ほかの生徒がいなくなった頃、教室を出て、掲示板を見た。つぎの試合の一覧表が貼ってあった。イリスはラクロスの選抜の十一人に入っていた。

終わりから二番目の日曜日、レイチェルは午後になってジャングルをふたたび訪れた。十二月だった。素晴らしく晴れた日だった。木々は午後の光を受けて薄紅に染まり、深山《みやま》鴉《がらす》が空に輪を描き、影のなかの草は踏むと心地よい音を返してきた。夜のあいだに霜が降りたのだった。厚い冬のコートで寮を出たが、マフラーをほどき、手袋をポケットに突っこんだ。淡く美しい大気がすこし熱を持ったような気がした。自分の息が輪郭を獲得し、軽やかに立ちのぼっていった。塀や生垣や門を見ると傷ついたような気持ちになった。

彼女は囲い地をおぼつかない足取りで走った。長いマフラーの両端を踏んで時々躓いた。厚い冬のコートのボタンを外していたので裾がばたばたとはばたいて脚を打った。「こういう学期の仕上げとしてはぴったりだ」彼女は考えた。「モーデンさんに捕まったら」

ほんとうに大したことのない学期だった。勉強をしなかったし、何も成し遂げなかった。誰かが自分を好きになるようにし向けることもできなかった。ⅣＡのほかの生徒は自分によくしてくれた。「帰って」きたので。けれどほかの生徒たちはわざとではなく、レイチェルを忘れた。みんなその学期のはじめから二人や三人で行動するようになっていた。だから彼女は取り残された――当然のことだった。彼女はさびしさを感じ、どうしたらいいのか分からなくなり、自分が劣っていると思った。いくつもの髪型を試した。自分のために黒いヴェルヴェットのワンピースをデザインし、家に戻ることを楽しみにした。手紙にはかなり不自然にチャリティーやほかの子の噂を書いた。自分が間違いをおかしたことを母親が悟らないように。イリスが恋しかったので、彼女がラクロスに行くたび、自分の頭にボールが当たるよう祈った。

イリスは彼女に視線を向けなかったが、そのやりかたはびっくりするくらい自然だった。廊下でぶつかると「ごめん」と言ったし、チャペルで横に並べば一冊の聖歌集をふたりで見た。グラウンドに出るために追いこしたり通りすぎたりするときは、関心のない顔で一瞥するだけだった。上級生のひとりに過ぎないというふうに。彼女は第三試合のあとでレギュラーになった。十四歳未満でレギュラーになった生徒はそれまで誰もいなかった。重要な人たちがみんな彼女に興味を持ち、彼女について話した。ⅣＡは気にとめないというこ

とで合意していた。もし下品なだけだったら、もし話しかけやすくて、あんなにひとりよがりの頑固者でなかったら、ⅣAのみんなは喜んでいただろう。みんなはレイチェルの前では彼女のことを話題にしなかったし、レイチェルも彼女には触れなかった。

深い轍が走る道を辿った。崩れた尾根のようになった真ん中を歩く。犬がどこかで吠えている。モーデンさんの囲い地のどこかで。犬は沈黙をちょっと齧ってそれからまた返してやる。ジャングルの手前の斜面は脆く、滑りやすくなっている。苦労して登って下りる。ジャングルは影のなかにある。草は倒れ、もつれた髪のようにいくつもの房となり、うっすらと霜で覆われていた。「戻ってこられてよかった」レイチェルは独り言を言った。「この前はきたとはいえなかった。戻ってこられてほんとによかった」彼女は茨を掻きわけて進んだ。葉は紫や黒みがかった色に変わっていた。腐って茶色になった葉は触れると舞って落ちた。

茨から抜けでると、小道を腕が横切っていた。「だめ、こんなさびしいところで」レイチェルはつぶやいた――「死体じゃありませんように」

動揺は抑えがたかった。舞台の上で恐怖に捕らわれた人がする仕草だと思いながら心臓に手をあてると、鼓動は轟くようだった。腕は一ヤード前にあった――親指が曲がっている、先が四角い指は赤みを帯び、丸まって掌を指している。

「イリス、あなたよね?」レイチェルは小声で言った。茨から葉をむしりながら待った。遠い犬の声を聴きながら、それからゆっくりと横たわっているイリスに近づいた。茨の茂みの谷間に。

イリスは横を向いて寝ていた。片方の腕を投げだし、その腕に上体を預けるようにして。膝頭は体に引きよせられ、もういっぽうの腕もやはり無造作な形で投げだされ、その上に頭がのっていた。顔は下向きで、顔と腕の下にはさらに枯れ葉の堆積があり、枕のように見えた。マフラーは頭を包んでいたが、顔の部分が剝きだしなので、フードを被った人を思わせた。茂みのあいだの遮断された空気のなかで眠っているせいで、マフラーの温みのせいで、イリスの顔は薄く赤みを帯びていた。たしかにイリスだった。けれど灯が消えていた。いつもとは違っていた。彼女の口は——いつもあからさまに突きだされている唇、不満そうな笑みを作るそれは——いまは拗ねていると形容される程度だった。そんなに太く短いことに気がつかなかったのだが、睫毛はいま頬の上で明確な形を示している。レイチェルが彼女の顔をまともに見るときには、向こうもそういうふうに見たので、レイチェルは門番のようなその視線をかいくぐらなければならなかった。けれど彼女の顔はいま無防備に見えた。レイチェルは立ったまま見おろした——イリスの顔のなかで唯一美しいものは顎の割れ目だった。彼女は足が痛くなるまで立っていた。足を動かして重心を変えた。小枝が割けて音を立てた。イリスは目を開け、見あげた。

「言ったでしょ、ここへきて、寝るって」彼女は言った。

「そうね——ものすごく寒くない?」

イリスは頭を地面から離し、まわりを見まわし、また戻した。伸びをした。とても気持ちよさそうに。「ううん」彼女は言った。「蒸し暑い。きたばっかり?」

「うん、すぐ行く」

「行かないで」イリスは脚を組んだ。茨のあいだの谷に隙間を作るために。「すわって」

レイチェルはすわった。

「あなたがちょうどここにくるなんて変。よくここへくるの?」

「いいえ」レイチェルは言った。茨の茂みをじっと見ながら。茂みのなかに巣があり、動きまわる何かを見ているように。

「ジョイス・フェローズを一度つれてきたの。煙草《シガー》を吸いに。喫煙は嫌い。ジョイスは猫みたいに吐いてた」

「きたない」

「もう跡は残ってない。ふたりで土をかけたから。どっちにしてもわたしはもう吸わない。呼吸にとても悪い影響がでるし」

「ああ、ところで」と、レイチェルは言った。「レギュラー入り、おめでとう」

イリスは組んだ掌に頭をのせて、空を見ていた。「どうも、ありがとう」彼女は言った。そしてレイチェルに顔を向けた。

「わたしたち気が狂ってるんじゃない?」レイチェルは落ち着かない顔で言った。「十二月にこんなことして」

「なんでだめなの? じゅうぶん暖かいじゃない。レイチェル、なんでだめなの——言って」

「もうすぐ暗くなる」

「あなたの目には暗く見えるんだ」イリスは言った。「時間はたくさんある……ねえ、レイチェル、わたしたちがこれから何をするか言うわ――」

レイチェルは聴くつもりがないことを示すためにマフラーを巻いた。おかしな感覚に襲われた。踊りだしたい。なんでもするだろう、なんでも。「したくなかったらしない」彼女は用心深い口調で言った。

「あなたはぐるぐる、ぐるぐる、回るの。ほんとに気持ちよくなるまで。それからわたしもぐるぐる回って、あなたの膝に頭をのせる。それからわたしはまた寝るの……」

丸く刈りこまれた頭は少年のそれのようで、レイチェルの膝の上にのっていた。とても変なことだったし、すごく不自然だった。心地よくなんてなかった。イリスは一度か二度笑い、足を引きよせ、膝を高くした。頰の下に掌を辷《すべ》りこませた。コートの毛羽《けば》でちくちくするのだった。

「気持ちいい？」顔を覗きこんでレイチェルは言った。

「うん――う――ん――」

犬は吠えるのをやめていた。すっかり静まったジャングルはすこし縮んでふたりを囲み、それから広がって大きな環になった。非現実と寂しさの遠く大きな環。ふたりっきりで船に乗っているみたいだった。漂う船……。

「イリス」レイチェルは囁いた。「わたしたち、まるで――」

膝の上の頭は重くなっていた。イリスは眠っている。

訳者解題

エリザベス・ボウエン Elizabeth Bowen (1899-1973) はイングランド系アイルランド人作家である。生まれはアイルランドのダブリン、教育はイングランドで受ける。家は地主階級である。通常はモダニズムの作家に分類されるが、英文学史上でも稀なほど鋭利な感覚をもった稀代の文体家《スタイリスト》だった。
この短篇 The Jungle には姉妹編があり、そちらにも学友チャリティーは登場する。チャリティーが描いた「ヤコブ」なる絵には "Jacob (Rachel's Rajah)" と副題めいた語が付されている。『創世記』のよく知られた Jacob's ladder つまりヤコブが夢見た天までつづく梯子の逸話に掛けているのだ。ヤコブの妻はラケル (Rachel) で英語読みだとレイチェルである。
ボウエンの作品はたいてい夥しい情報を含んでいる。この短篇でも宗派の違いから生ずるイギリス人たちの間の微妙な違和感や、食事の時間で判別される階級の差などが示唆される。
「リッチー」という名字は長く交際したチャールズ・リッチーの名前からとられているようにも思われる。

執筆者

石井千湖（いしい・ちこ）
一九七三年佐賀県生まれ。書評家、ライター。早稲田大学卒業後、書店員を経て、現在は書評とインタビューを中心に活動。執筆媒体に「読売新聞」「産経新聞」「週刊新潮」「週刊文春」「小説すばる」「ダ・ヴィンチ」など。共著に『世界の8大文学賞』『きっとあなたは、あの本が好き。』（どちらも立東舎）。二〇一八年四月十三日に初めての単著『文豪たちの友情』を立東舎より刊行予定です。

今村夏子（いまむら・なつこ）
一九八〇年広島生まれ。著書に『こちらあみ子』『あひる』『星の子』がある。

内山晶太（うちやま・しょうた）
一九七七年千葉県生まれ。第一歌集『窓、その他』（二〇一二年・六花書林）。「短歌人」「pool」同人。

大田陵史（おおた・りょうじ）
一九八三年群馬県生まれ。東京都在住。勤めている会社はとある相撲部屋の近くなのですが、暖かくなってくると、路上で稽古する力士たちをよく見かけます。もちろん、まわし姿で、いつもの路上に座り込んで柔らかい体をのばしたりしていて。好きな風景のひとつです。

大前粟生（おおまえ・あお）
一九九二年兵庫県生まれ。京都市在住。二〇一六年、短編小説「彼女をバスタブにいれて燃やす」がGRANTA JAPAN with 早稲田文学公募プロジェクト最優秀作に選出され小説家デビュー。「ユキの異常な体質または僕はどれほどお金がほしいか」で第二回ブックショートアワード受賞。「文鳥」で at home AWARD 大賞受賞。著書に短篇集『のけものどもの』（惑星と口笛ブックス）。書肆侃侃房から短篇集『回転草』刊行予定。

小原奈実（おばら・なみ）
一九九一年東京生まれ。「穀物」同人。最近インスタグラムを覚え、鳥の写真を浴びるように見ている。ウソのくちばしには植物のかけらがついている率が高いように思う。

岸本佐知子（きしもと・さちこ）
一九六〇年生まれ。翻訳書にミランダ・ジュライ『あなたを選んでくれるもの』、リディア・デイヴィス『話の終わり』ほか、編訳書に『楽しい夜』、『コドモノセカイ』、『変愛小説集』ほか。著書に『なんらかの事情』、『ねにもつタイプ』などがある。ミランダ・ジュライの初長編『最初の悪い男』（新潮社）が二〇一八年夏刊行予定。

北原尚彦（きたはら・なおひこ）
一九六二年東京都生まれ。作家、翻訳家、シャーロック・ホームズ研究家、古本愛好家。日本古典SF研究会会長。『シャーロック・ホームズの蒐集』（東京創元社）で第六十八回日本推理作家協会賞候補となる。最近は『シャーロック・ホームズの古典事件帖』（論創社）という本を編みました。ウチの本棚の写真をもっと見たい方は『絶景本棚』（本の雑誌社）をどうぞ。ここ半年ほど健康面で災難続きなので、仕事面では何かいいことあって欲しいです。

黒史郎（くろ・しろう）
一九七四年生まれ。横浜の鶴見在住。第一回「幽」怪談文学賞長編部門大賞を受賞しデビュー。趣味は昭和・平成初期の駄玩具、ガチャガチャ集め。著書に「幽霊詐欺師ミチヲ」シリーズ、『乱歩城　人間椅子の国』『人間椅子　乱歩奇譚』『怪人二十面相　乱歩奇譚』『小説ミスミソウ』『童提灯』『未完少女ラヴクラフト』『貞子VS伽椰子』『夜は一緒に散歩しよ』『獣王』、ムーPLUSで『黒史郎の妖怪補遺々々』を連載中。

齋藤優（さいとう・ゆう）
一九八七年生まれ、川崎市在住。たべるのが好きです。江國香織さんを読んで小説を書き始めました。愛読書は他にガルシア＝マルケスやジャン・コクトー、安部公房など。とくに書くべきプロフィールを持っていないのですが、もしも皆さまのご記憶に残ることができれば、さいわいです。インスタグラム @hatokamo

澤西祐典（さわにし・ゆうてん）
一九八六年生まれ。蟹座。毎朝、マノアのチョコレートティーを飲みながら、ザ・ブレックファスト・バーを食べるのが夢です。でも、朝ご飯は和食派。

柴田元幸（しばた・もとゆき）
一九五四年東京生まれ。翻訳家。訳書に『ハックルベリー・フィンの冒けん』（研究社）など。雑誌『MONKEY』責任編集。

酉島伝法（とりしま・でんぽう）
一九七〇年大阪府生まれ。絵も描く小説家。二〇一一年「皆勤の徒」で第二回創元SF短編賞を受賞してデビュー。二〇一三年に同名の連作短編集を刊行。かくのがおそいです。

仲田有里（なかた・ゆり）
一九八一年愛媛県生まれ。二〇一七年三月に歌集『マヨネーズ』（思潮社オンデマンド）を刊行。詩作も行っている。

ツェワン・ナムジャ　Tshe dbang rnam rgyal
一九八八年にチベット・アムド地方（中国青海省）の牧畜村に生まれる。大学在学中の二〇一二年に文芸誌デビューを果たし、短編小説を次々と発表。現在はチベット自治区の区都ラサのテレビ局に勤務しながら創作活動を続けている。チベット現代文学界の若手期待の星。他の邦訳作品としては「お待ちしてます」（『チベット文学と映画制作の現在SERNYA』五号、二〇一八年）がある。

星泉（ほし・いずみ）
一九六七年生まれ。東京外国語大学アジア・アフリカ言語文化研究所教授。チベット語研究のかたわら、チベットの文学や映画の紹介活動をしている。訳書にラシャムジャ『チベット文学の新世代　雪を待つ』（勉誠出版）、共訳書にツェラン・トンドゥプ『闘うチベット文学　黒狐の谷』（勉誠出版）、タクブンジャ『ハバ犬を育てる話』（東京外国語大学出版会）などがある。

西崎憲（にしざき・けん）
一九五五年生まれ。翻訳家、作家、アンソロジスト。翻訳書に『短篇小説日和　英国異色傑作選』『ヘミングウェイ短篇集』など。小説に『蕃東国年代記』『飛行士と東京の雨の森』など。現在短篇集を準備中。電子書籍レーベル〈惑星と口笛ブックス〉主宰。最近やってみたいことはボルダリング。

蜂飼耳（はちかい・みみ）
一九七四年神奈川県生まれ。詩集に『現代詩文庫・蜂飼耳詩集』（思潮社）、『顔をあらう水』（思潮社）など。文集に『孔雀の羽の目がみてる』（白水社）、『空席日誌』（毎日新聞社）、『おいしそうな草』（岩波書店）など。小説に『紅水晶』（講談社）『転身』（集英社）など。絵本に『うきわねこ』（絵／牧野千穂・ブロンズ新社）などがある。

エリザベス・ボウエン　Elizabeth Bowen
訳者解題を参照。

フラワーしげる（ふらわー・しげる）
一九五五年生まれ。歌人。歌集に『ビットとデシベル』「おれか　おれはおまえの存在しない弟だ　ルルとパブロンでできた獣だ」

米澤穂信（よねざわ・ほのぶ）
一九七八年岐阜県生まれ。二〇〇〇年、『氷菓』（角川文庫）で角川学園小説大賞ミステリー&ホラー部門奨励賞を受賞し、作家としての活動をはじめる。主な著書に『満願』（新潮社）、『折れた竜骨』（東京創元社）、『インシテミル』（文藝春秋）、『追想五断章』（集英社）があり、編著に『世界堂書店』（文春文庫）がある。近著は『いまさら翼といわれても』（KADOKAWA）。

たべおそ挿画部（たべおそそうがぶ）
東京新宿の銅夢版画工房に在籍する八人のアーティスト。二〇一八年五月に「たべるのがおそい挿画展」を初開催。

「たべるのがおそい」創刊号・2号

文学ムック

たべるのがおそい vol.1

【巻頭エッセイ】文と場所
夢の中の町　穂村弘
【特集】本がなければ生きていけない
虚構こそ、わが人生　日下三蔵
Dead or alive?　佐藤弓生
楽園　瀧井朝世
ただ本がない生活は想像の
むこう側にも思い浮かばず　米光一成
【創作】
あひる　今村夏子
バベル・タワー　円城塔
静かな夜　藤野可織
日本のランチあるいは田舎の魔女　西崎憲
【翻訳】
再会　ケリー・ルース　岸本佐知子訳
コーリング・ユー　イ・シンジョ　和田景子訳
【短歌】
はばたく、まばたく　大森静佳
桃カルピスと砂肝　木下龍也
ひきのばされた時間の将棋　堂園昌彦
ルカ　服部真里子
東京に素直　平岡直子

文学ムック

たべるのがおそい vol.2

【巻頭エッセイ】文と場所
立つべき場所、失った場所　金原瑞人
【特集】地図─共作の実験
リャン─エルハフト　石川美南×宮内悠介
星間文通　円城塔×やくしまるえつこ
三人の悪人　西崎憲×穂村弘
【創作】
私たちの数字の内訳　津村記久子
チーズかまぼこの妖精　森見登美彦
回転草　大前粟生
ミハエリの泉　四元康祐
【翻訳】
遅れる鏡　ヤン・ヴァイス　阿部賢一訳
カウントダウンの五日間　アンナ・カヴァン　西崎憲訳
【短歌】
せかいのへいわ　今橋愛
公共へはもう何度も行きましたね　岡野大嗣
忘れてしまう　吉野裕之
二度と殺されなかったあなたのために　瀬戸夏子
【エッセイ】本がなければ生きていけない
すこし・ふくざつ　倉本さおり
無限本棚　中野善夫

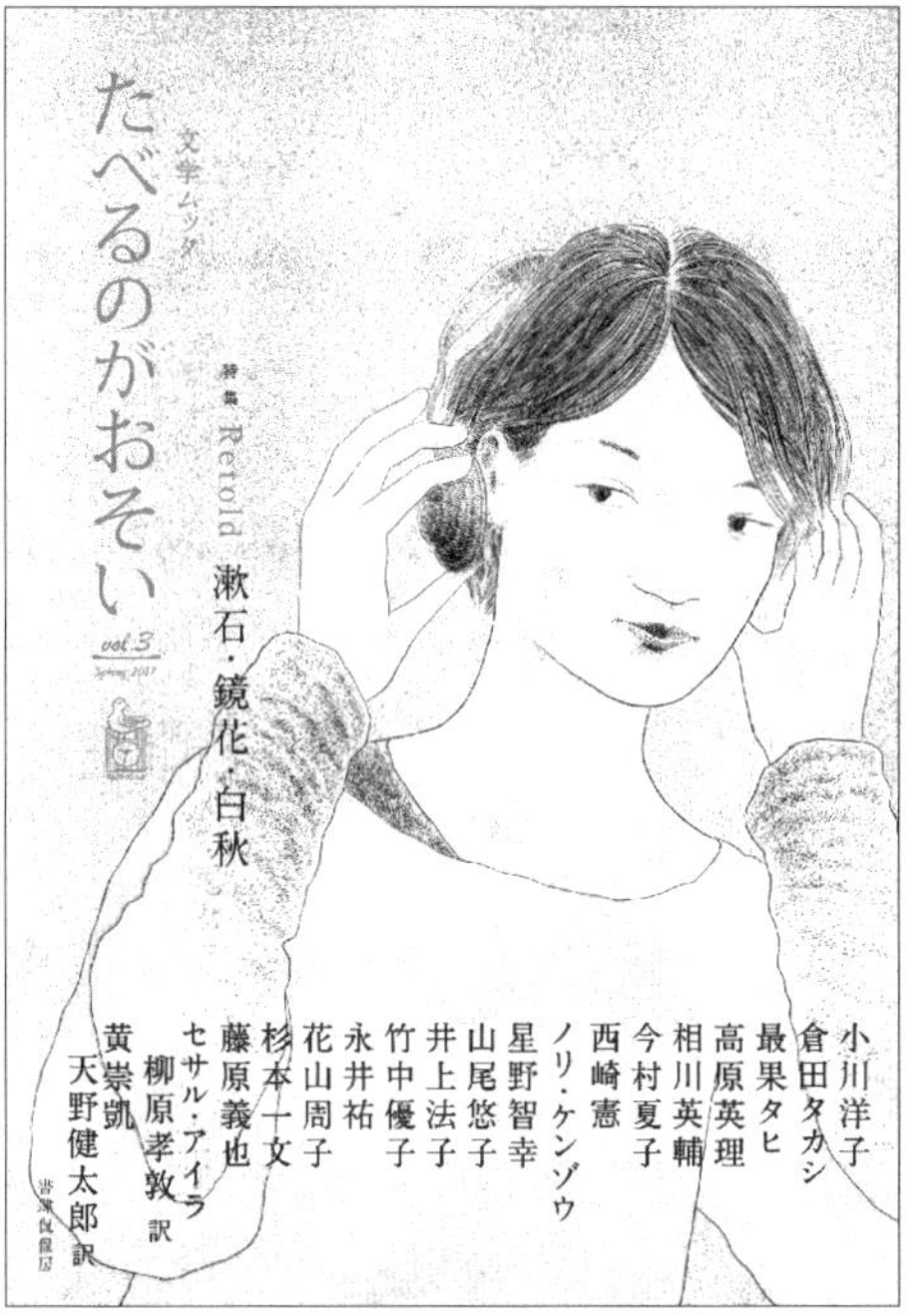

文学ムック

たべるのがおそい vol.3

【巻頭エッセイ】文と場所
Mさんの隠れた特技　小川洋子
【特集】Retold 漱石・鏡花・白秋
Retold 鏡花　あかるかれエレクトロ　倉田タカシ
Retold 漱石　小詩集　漱石さん　最果タヒ
Retold 白秋　ほぼすべての人の人生に
題名をつけるとするなら　高原英理
【創作】
白いセーター　今村夏子
乗り換え　星野智幸
エスケイプ　相川英輔
虫歯になった女　ノリ・ケンゾウ
親水性について　山尾悠子
一生に二度　西崎憲
【翻訳】
ピカソ　セサル・アイラ　柳原孝敦訳
カピバラを盗む　黄崇凱　天野健太郎訳
【短歌】
すべてのひかりのために　井上法子
黙読　竹中優子
隣り駅のヤマダ電機　永井祐
二〇一七年、冬の一月　花山周子
【エッセイ】本がなければ生きていけない
『本がなければ生きてこれません』でした。　杉本一文
本棚をつくる　藤原義也

定期購読のお申し込みをされた方には、毎号**送料サービス**にてお送りします。

お支払いは各号ごとに郵便振替用紙をお入れしますので、届いてからお支払いください。

お申し込み、詳細は書肆侃侃房まで電話かメールでお願いします。

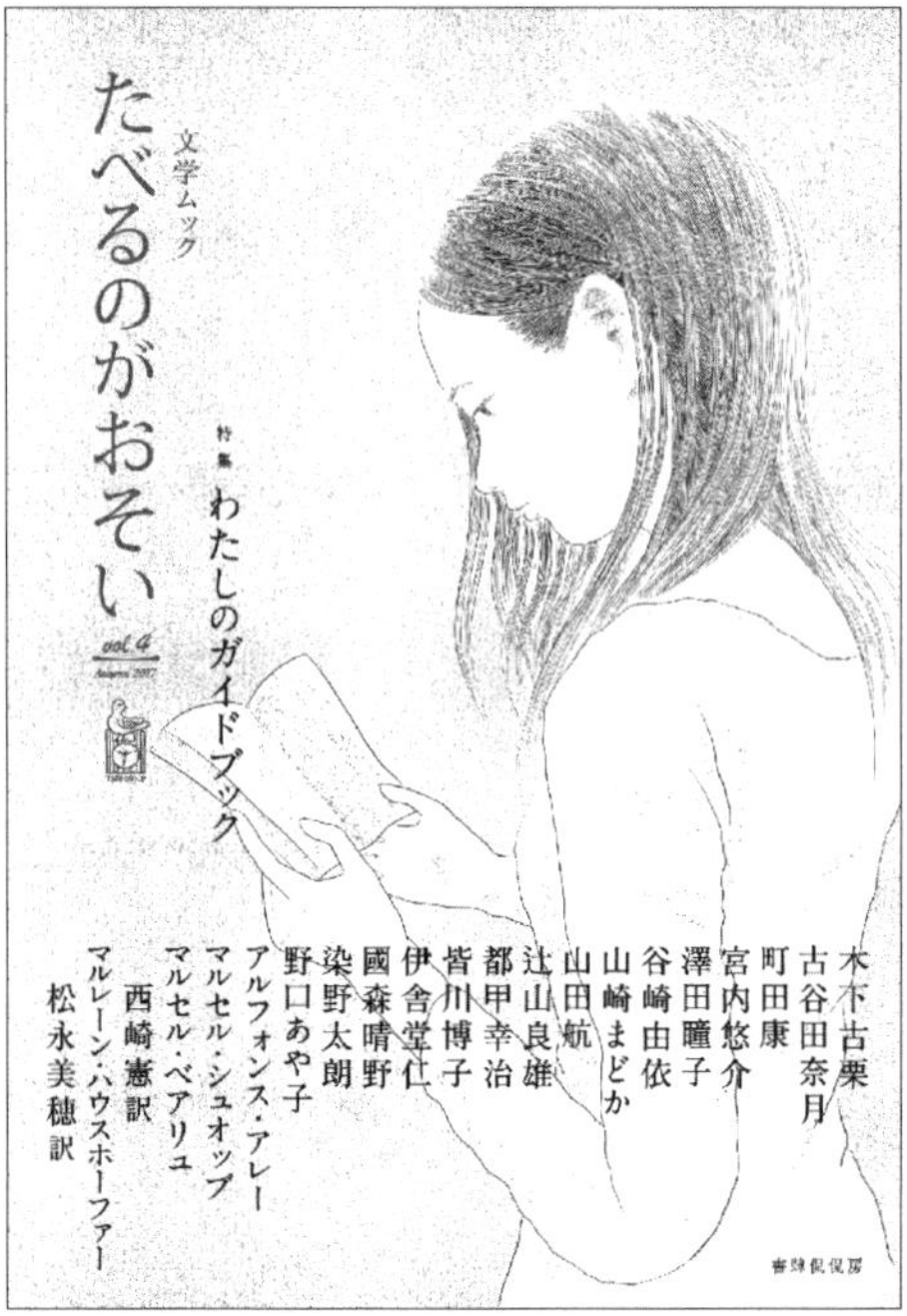

文学ムック
たべるのがおそい vol.4

編集後記

五冊目の『たべるのがおそい』をお届けします。今回もまた素晴らしい書き手に恵まれてただ感謝するばかりです。前号は分量の都合で公募作品を掲載できなかったのですが、今回は大田陵史さんと齋藤優さんの独創性に富んだ作品二作を載せることができました。新しい書き手を紹介できることはほんとうに喜びです。

新しいと言えば、岸本佐知子さんの創作もまた来るべき何かを感じさせるものであるように思います。

本好きのかたに何かを手渡したいという希望が漠然とあってその希望にそって今後も編集したいと思います。どうかよろしくお願いいたします。

西崎憲（編集長）

【小説と翻訳を募集しています】

内容やジャンルは自由です。散文詩的なもの、前衛的なものからエンターテインメントまで。主な選考の指針としては「独創性」と「記憶に残る」があります。御自分の作品に何らかの独創性があり、読者の記憶に残る部分があると思う方、ぜひ御応募ください。既製の作品、またこれまで弊誌に掲載された作品などにとらわれないものをお待ちしております。

http://www.tabeoso.jp/form/

◎バックナンバーは書店でお買い求めいただけます。

文学ムック たべるのがおそい vol.5

二〇一八年 四月十五日 第一刷発行

発行人／田島安江
編集／西崎憲、田島安江
編集協力／佐々木孝、宮島亜紀
発行所／株式会社書肆侃侃房（しょしかんかんぼう）
〒八一〇-〇〇四一
福岡市中央区大名二-八-一八
天神パークビル五〇一号
電話 〇九二-七三五-二八〇二
FAX 〇九二-七三五-二七九二
http://www.kankanbou.com
info@kankanbou.com

公式HP／http://www.tabeoso.jp
tabeoso@tabeoso.jp

表紙・本文デザイン／片岡好、宮島亜紀
挿画／ありかわりか、片岡好、小林小百合、佐藤ゆかり、重藤裕子、寺澤智恵子、三紙シン、宮島亜紀
写真／西崎憲、西島伝法（P４）
DTP／黒木留実（書肆侃侃房）
印刷・製本／アロー印刷株式会社

ISBN 978-4-86385-307-2 C0495

書肆侃侃房の Woman's Best とは、フィクション・ノンフィクション問わず、
世界の女性の生きかたについて書かれた書籍を翻訳出版していくシリーズです。

Woman's Best 4　韓国女性文学シリーズ①

『アンニョン、エレナ』안녕, 엘레나

キム・インスク／著　和田景子／訳

四六判／並製／240ページ／本体1600円＋税／ISBN978-4-86385-233-4

韓国で最も権威ある文学賞、李箱文学賞など数々の賞に輝く
キム・インスクの日本初出版

遠洋漁船に乗っていた父から港、港にエレナという子どもがいると聞かされた主人公は、その子らの人生が気になり旅に出る友人に自分の姉妹を探してくれるように頼む「アンニョン、エレナ」ほか珠玉の短編、７作品。

Woman's Best 5　韓国女性文学シリーズ②

『優しい嘘』우아한 거짓말

キム・リョリョン／著　キム・ナヒョン／訳

四六判／並製／264ページ／本体1600円＋税／ISBN978-4-86385-266-2

韓国で 80 万部のベストセラーとなり映画も大ヒットの
『ワンドゥギ』につづく映画化 2 作目

赤い毛糸玉に遺されたひそやかなメッセージ。
とつぜん命を絶った妹の死の真相を探るうちに優しかった妹の心の闇に気づく姉。
苦く切ない少女へのレクイエム。

Woman's Best 6　韓国女性文学シリーズ③

『七年の夜』7년의밤

チョン・ユジョン／著　カン・バンファ／訳

第四回
日本翻訳大賞
二次選考
対象作品

四六判／並製／560ページ／本体2200円＋税／ISBN978-4-86385-283-9

いま韓国でもっとも新作が待たれている作家チョン・ユジョン。
韓国では 50 万部を超える傑作ミステリーがついに日本上陸

一瞬の誤った選択によってずるずると破滅へと進む男ヒョンスに死刑が言い渡される。娘を死に追いやった男ヒョンスへの復讐に燃える冷徹な男ヨンジェは、七年の後、死刑が執行されたその日から、ヒョンスの息子ソウォンへ魔の手を伸ばす。セリョン湖と灯台村の美しい風景を背景に息もつかせぬ執拗な心理劇と容赦ない暴力の応酬。読者の不安が頂点に達したとき、物語は衝撃のクライマックスへ。

「王になった男」のチュ・チャンミン監督、リュ・スンリョンとチャン・ドンゴンのダブル主演で映画化され、韓国で2018年３月末公開。日本での公開が待たれる。

近刊予定　Woman's Best 7　韓国女性文学シリーズ④

『春の宵』안녕 주정뱅이　クォン・ヨソン／著　橋本智保／訳

2016 年東仁文学賞を受賞、小説家 50 人が選んだ “2016 今年の小説”、中央日報、ハンギョレ新聞の “2016 今年の本” に選ばれた。
酒呑みのこだわりと悲哀に満ちた７つの短篇は春の宵のようにはかなく、かなしい。

以下続刊